TRAUMA, ABUSO E VIOLÊNCIA

Antonio Onofri e Cecilia La Rosa

TRAUMA, ABUSO E VIOLÊNCIA

Como superar a dor

Dados Internacionais de Catalogação na Publicação (CIP)
Angélica Ilacqua CRB-8/7057

Onofri, Antonio
Trauma, abuso e violência : como superar a dor / Antonio Onofri, Cecilia
La Rosa ; tradução de Thácio Siqueira. -- São Paulo : Paulinas, 2021.
190 p. (Psicologia aplicada)

Bibliografia
ISBN 978-85-356-4609-2
Título original: Trauma, abuso e violenza: andare oltre il dolore

1. Trauma psíquico 2. Transtorno de stress pós-traumático 3. Abuso
psicológico 4. Psicoterapia 5. Saúde mental 6. Saúde I. Título II. La Rosa,
Cecilia III. Siqueira, Thácio

20-1470 CDD 616.8521

Índice para catálogo sistemático:
1. Trauma psíquico   616.8521

Título original da obra: *Trauma, abuso e violenza: Andare oltre il dolore*

© 2017 Edizioni San Paolo s.r.l. Piazza Soncino 5 - 20092
Cinisello Balsamo (Milano) - Italia www.edizionisanpaolo.it

1ª edição – 2021

Direção-geral: *Flávia Reginatto*
Editora responsável: *Andréia Schweitzer*
Tradução: *Thácio Siqueira*
Copidesque: *Ana Cecilia Mari*
Coordenação de revisão: *Marina Mendonça*
Revisão: *Sandra Sinzato*
Gerente de produção: *Felício Calegaro Neto*
Diagramação: *Ana Claudia Muta*
Capa: *Tiago Filu*

*Nenhuma parte desta obra poderá ser reproduzida ou transmitida
por qualquer forma e/ou quaisquer meios (eletrônico ou mecânico,
incluindo fotocópia e gravação) ou arquivada em qualquer sistema ou
banco de dados sem permissão escrita da Editora. Direitos reservados.*

Paulinas
Rua Dona Inácia Uchoa, 62
04110-020 – São Paulo – SP (Brasil)
Tel.: (11) 2125-3500
http://www.paulinas.com.br – editora@paulinas.com.br
Telemarketing e SAC: 0800-7010081
© Pia Sociedade Filhas de São Paulo – São Paulo, 2021

Aos nossos pais.

SUMÁRIO

Prefácio 11

Antes de começar...13

1 O trauma e seus efeitos sobre o corpo e a psique 15

1. Quando algo terrível nos acontece:
   o que queremos dizer com trauma?..15

2. Os diferentes tipos de trauma 16

3. O conceito de trauma segundo a psiquiatria 25

4. Algumas estatísticas 28

2 Os fatores de risco e os fatores de proteção 33

1. Por que nem todas as pessoas que sofrem traumas
   desenvolvem transtornos psicologicamente relevantes? 33

2. Fatores de risco relacionados ao tipo de trauma.......................34

3. Fatores de risco relacionados à pessoa que sofre o trauma..........35

3 Por que os traumas são importantes: o que a ciência nos diz.......47

1. As consequências dos traumas na saúde física e mental 47

2. Experiências traumáticas infantis..49

3. O estudo da ACE 55

4 Os efeitos dos traumas no cérebro 75

1. Os efeitos das ACEs no desenvolvimento 75

2. Os efeitos das ACEs no desenvolvimento psicológico.............78

3. Os efeitos dos ACEs no desenvolvimento neurobiológico.........79

4. Os efeitos das ACEs no desenvolvimento

do sistema imunológico 82

5 O sistema de defesa e as reações de alerta..............................89

1. O estresse e os seus efeitos...89

2. Quando a resposta ao estresse não está esgotada.....................92

3. O efeito negativo do estresse crônico 93

4. Traumas e cérebro 93

5. Traumas e hormônios..95

6. A teoria polivagal de Stephen Porges 97

7. Traumas e estresse na infância...102

8. As reações na mente 103

6 Reações a traumas específicos: o luto...................................109

1. O luto e a teoria do apego...109

7 Das reações aos sintomas 117

1. As reações subjetivas a um trauma....................................118

2. E quando não passa?...121

3. O que acontece na mente...122

4. O que acontece no corpo 129

5. O que acontece com os comportamentos 130

8 Dos sintomas aos transtornos...139

1. Diagnósticos relacionados ao trauma.................................139

2. Os critérios diagnósticos para transtorno de estresse

pós-traumático...142

3. O transtorno de estresse agudo...144

4. Os transtornos pós-traumáticos nas crianças 145

9 Lidar com a dor: a autoajuda 147

1. Em primeiro lugar, tome cuidado para não se causar dano 148

2. Estimular a resposta de relaxamento 153

3. A meditação de conscientização (*mindfulness*) 153

4. Alguns exercícios simples de conscientização 154

5. Expor-se à memória do trauma 162

10 Lidar com a dor: a EMDR e outras terapias 165

1. Uma terapia em fases 166

2. As informações e a psicoeducação.. 168

3. Os psicofármacos 169

4. As psicoterapias 170

5. A terapia cognitivo-comportamental (TCC)............................ 171

6. Dessensibilização e reprocessamento por meio
dos movimentos oculares (EMDR).. 174

7. O crescimento pós-traumático... 176

Bibliografia 181

Agradecimentos 191

PREFÁCIO

Por cerca de setenta anos, o tema do trauma psicológico, das suas dolorosas consequências a longo prazo e das terapias que podem aliviá-lo tem sido cada vez mais negligenciado na literatura científica.

Essa negligência, surpreendente, dada a propagação verdadeiramente muito grande dos transtornos psicológicos causados pelos traumas, terminou apenas nos últimos vinte anos do século XX e resultou em seu oposto: uma verdadeira explosão de interesse pelo tema, de modo que se tornou um dos mais estudados na literatura sobre psicopatologia e psicoterapia.

De toda essa já impressionante quantidade de textos, o livro *Trauma, abuso e violência* oferece um resumo introdutório amplo, valioso e atualizado que também pode ser usado por leitores que não são especialistas no assunto.

Os assuntos abordados vão desde a compreensão (de forma alguma imediata ou óbvia) do que se entende por trauma psicológico até a listagem dos principais tipos de trauma, o estudo das consequências psicológicas e neurobiológicas da exposição ao trauma, os fatores preexistentes a tal exposição que podem contribuir para a gênese dos transtornos mentais pós-traumáticos, a descrição de tais transtornos e, finalmente, a possibilidade de curá-los eficazmente.

Talvez seja útil debruçar-se sobre este último ponto, antes de encarar a leitura deste livro, muito bem escrito e cuidadosamente informativo. O leitor talvez espere que as terapias disponíveis, ou aquelas que possam surgir no futuro a partir do aperfeiçoamento dos tratamentos existentes, tenham como objetivo a total libertação da desesperadora dor causada pelas memórias traumáticas, que geralmente tendem a reaparecer, ainda que episodicamente, mesmo após décadas da exposição ao evento traumático.

Essa expectativa de total libertação da dor não corresponde à verdade, nem ao provável e nem mesmo, em última instância, ao desejável. Nada, exceto as doenças orgânicas mais graves do cérebro, pode apagar a memória de si, nem sequer as emoções, inclusive a dor mental que acompanha os aspectos traumáticos da memória autobiográfica.

No entanto, isso não deve ser tomado como algo desanimador ou desencorajador. A dor ligada a memórias traumáticas não só pode ser atenuada, a ponto de não dificultar o curso normal da vida afetiva e profissional diária, como também pode ser transformada, também graças à psicoterapia, numa fonte de crescimento interior.

A dor da recordação, uma vez aceita e tornada consciente, pode acompanhar uma vida que se reabre, simultaneamente, à alegria, à paz interior e, sobretudo, à descoberta da esperança.

Refiro-me à esperança baseada agora na experiência do que pode estar lá depois da dor desesperada, na existência de um misterioso sentido da vida que a dor não apaga, e que pode até ajudar a desvendar.

Giovanni Liotti
Psiquiatra e psicoterapeuta, sócio-fundador e ex-presidente da
Sociedade Italiana de Terapia Cognitiva e Comportamental,
sócio-fundador da Associação para a Pesquisa sobre
Psicopatologia do Apego e do Desenvolvimento.

ANTES DE COMEÇAR

No final de cada capítulo há instrumentos de aprofundamento, sob forma de dicas de leitura e/ou testes para avaliação de aspectos particulares ligados ao trauma.

As sugestões não pretendem ser exaustivas, dada a grande produção de artigos, filmes e livros, com foco em questões relacionadas ao trauma e seus efeitos. A intenção, portanto, é ilustrar alguns possíveis caminhos de aprofundamento entre os muitos outros que existem. Os textos acadêmicos recomendados são destinados principalmente – embora não só – aos profissionais da área, enquanto os filmes e romances são sugestões para um público mais amplo.

1

O TRAUMA E SEUS EFEITOS SOBRE O CORPO E A PSIQUE

> Eu me tornei como o gelo
> e o meu coração como uma pedra,
> sou um soluço cristalino
> na garganta de um pássaro engaiolado
> (parte de um texto de S.A.,
> um jovem paciente).

1. Quando algo terrível nos acontece: o que queremos dizer com trauma?

"Foi terrível. Jamais imaginei que algo assim pudesse acontecer comigo! Desde então, a minha vida mudou para sempre. Não sou mais o mesmo. Nada mais é como antes."

Quando se fala de traumas, as pessoas muitas vezes se referem a um *antes* e um *depois* em sua existência, a algo que marcou uma profunda mudança de vida: o trauma é um evento divisor de águas. Do ponto de vista da etimologia grega, a palavra "trauma" se refere a atrito, ferida, fratura; em outras palavras, a algo que deixa uma marca, uma cicatriz. No mundo físico, o trauma está, de fato, ligado à ideia de uma ruptura, de uma ação que gera uma descontinuidade.

Esse evento divisor de águas é essencialmente gerado pelo que o grande psiquiatra do século XIX, Pierre Janet, chamava de "estímulo excessivo", algo de terrível que acontece de repente e que nos faz sentir sobrecarregados e desamparados, incapazes de reagir e de enfrentar a situação. "Sempre tinha reagido bem às dificuldades, mas isso foi realmente demais para mim... não consegui, desisti, desabei."

Pierre Janet, que dedicou toda a sua vida profissional e científica ao estudo dos traumas e seus efeitos sobre a psique, afirmava que a função da mente é essencialmente a de organizar a experiência, de criar coerência e integração (uma *síntese*, na sua linguagem), de atribuir significados apropriados. No entanto, às vezes, essa capacidade falha. Por causa de algo que pode não estar certo em nosso sistema nervoso – como o próprio Janet recordava –, como nas lesões genético-estruturais, nos estados tóxicos e em algumas alterações metabólicas (como bem sabem todas as pessoas que pelo menos uma vez em sua vida ficaram embriagadas!), ou quando o material a ser *elaborado* (tenhamos em mente esta palavra!) é muito complicado, as informações muito difíceis, os dados muito complexos, discordantes, contraditórios.

O trauma

- O trauma é um evento divisor de águas
- O trauma consiste em um estímulo excessivo que produz um esmagamento do eu, que o torna indefeso e incapaz de reagir

2. Os diferentes tipos de trauma

Eventos e situações muito diferentes podem ser considerados traumas. É por isso que os traumas podem ser classificados de formas diferentes, dependendo dos critérios que utilizamos. E certamente, como veremos em breve, o próprio conceito de trauma mudou ao longo do tempo.

Ivan é um motorista de ônibus. Durante um turno de trabalho noturno, na periferia socialmente degradada de uma grande cidade, é subitamente atacado por um grupo de bandidos enquanto dirige seu veículo. Ele tenta se defender, mas, de uma forma completamente inesperada, um dos marginais puxa uma faca e fere Ivan no braço. A partir daquele momento, muitos problemas começam para o homem. Não se sente mais o mesmo, tem dificuldades cada vez que o momento de voltar ao trabalho se aproxima.

Rosana tem 63 anos. Ela acabara de sair de sua casa de campo para uma caminhada, segurando a mão da neta de 3 anos, quando um raio a atingiu. Ainda se lembra da dor da queimadura que cobriu grande parte do seu corpo, mas, sobretudo, da preocupação com a criança a ela confiada, que felizmente saiu completamente ilesa. A partir daquele momento, a percepção constante de sua própria vulnerabilidade nunca mais a abandonou.

Jorge trabalha num banco. Um dia, quando está atendendo no caixa, um ladrão entra na agência, aponta-lhe uma arma e o força a abrir o cofre. A sensação da arma pressionada contra a sua têmpora ("O tempo parecia nunca passar, estava convencido de que ia morrer") voltará com força toda vez que Jorge retornar ao trabalho.

Catarina só tem 13 anos. Um verão ela está em um acampamento com seus pais, em uma barraca, quando um tornado repentino atira árvores e postes contra seu carro e seu bangalô. Salvam-se por sorte, mas, a partir daquele momento, a garotinha grita aterrorizada em cada indício de tempestade.

Erika tem 23 anos. Está voltando de um jantar com os amigos, à noite, e estaciona o carro ao lado do prédio. Caminha depressa para entrar pela porta da frente do condomínio. Um homem bêbado a ataca, puxa-a para si, apalpa-a, tenta arrancar sua roupa, aproxima com força a cabeça dela dos seus genitais. Ela se debate, grita, e, ao final, consegue escapar, mas desde aquele dia algo parece ter mudado para sempre. Não é mais capaz de mandar embora aquela terrível recordação, que retorna prepotente em sua vida cotidiana, condicionando cada escolha que faz.

Carmelo morava no centro da cidade, numa rua que ficou tristemente famosa pelo desabamento de um edifício após a explosão causada por um vazamento de gás. Naquele edifício morava ele, um dos sobreviventes, e sua mulher, que morreu debaixo dos escombros.

Tiago namorava Laura há alguns meses. Sabia de sua depressão, daquela doença pouco compreensível que retornava ciclicamente e tornava seus dias nublados. Começava a se dar conta dos pensamentos pessimistas, daquele contínuo autoacusar-se que caracterizava Laura no diálogo consigo mesma. Mas nunca poderia imaginar que numa noite bateria inutilmente à sua porta. Ela não respondia. Ao entrar na casa dela, graças às chaves de uma vizinha, encontrou-a na sala de estar, pendurada numa corda presa ao lustre.

Características do trauma

- Imprevisibilidade
- Incontrolabilidade
- Intenso estímulo sensorial
- Indecifrabilidade

A lista de possíveis traumas que podem acontecer durante a vida seria realmente muito longa. Entre eles encontramos eventos completamente aleatórios, talvez não facilmente evitáveis, e outros que são causados diretamente pelos seres humanos. Este poderia ser um primeiro critério útil para classificá-los. Outra forma, igualmente útil, é certamente a de distinguir entre:

- traumas individuais;
- traumas coletivos.

Entre os casos acima mencionados, as agressões, o estupro, a queimadura por raio, a tempestade, o suicídio de um ente querido, representam traumas individuais, enquanto o desabamento de um edifício assume as características de trauma coletivo, pelo grande número de pessoas envolvidas.

Alguns tipos de trauma individual

- Furto
- Assalto à mão armada
- Roubo
- Agressão física
- Violência sexual
- Ameaça de morte
- Acidente de carro
- Acidente de trabalho
- Luto traumático (por exemplo, suicídio de um familiar ou amigo)
- Diagnóstico médico inesperado com prognóstico infeliz
- Intervenção médico-cirúrgica arriscada e dolorosa, amputação de um membro, invalidez repentina
- Interrupção da gravidez (voluntária ou involuntária)

Os traumas coletivos também podem ser, às vezes, ameaças que parecem não ter fim. É o caso de Chernobyl, por exemplo. Cada recém-nascido, a partir daquele momento, poderia ser portador de anomalias genéticas, de doenças raras e, então, morrer mais cedo ou mais tarde de leucemia.

O trauma coletivo por antonomásia é obviamente o da guerra. Envolve múltiplos lutos, um estado de ameaça contínua, uma sensação recorrente de alarme, um intenso estímulo sensorial (a visão de sangue e de mortes, os gritos, os cheiros), com a típica ativação neurobiológica que se segue, como veremos mais adiante.

Alguns tipos de traumas coletivos

Desastres naturais

- Eventos geológicos (terremotos, maremotos, erupções vulcânicas, bradissismos, queda de meteoritos)

- Eventos meteorológicos (chuvas fortes, seca, tempestades, tufões, furacões, neve, gelo, granizo forte)
- Eventos hidrogeológicos (aluviões, inundações, deslizamentos de terra, avalanches)

Desastres civis e tecnológicos

- Acidentes graves em atividades industriais (liberação de poluentes ou produtos tóxicos, liberação de radioatividade, explosões)
- Acidentes com meios de transporte (aéreo, ferroviário, rodoviário, marítimo)
- Colapso de sistemas tecnológicos (barragens, reservatórios)
- Incêndios (florestais, urbanos, industriais, em túneis, canais)
- Desabamento de edifícios e grandes estruturas (prédios, hospitais, pontes, estruturas elevadas)

Catástrofes sociais

- Eventos sociopolíticos (conflitos armados, atos terroristas, motins, utilização de armas químicas, biológicas e nucleares)
- Eventos sociossanitários (epidemias imprevistas)
- Eventos socioeconômicos (carestias imprevistas)

Certos eventos vividos apenas a nível midiático podem, também, constituir um trauma para parte da população. Alguns casos, como longos sequestros ou assassinatos de crianças, por exemplo, são eventos que representam feridas reais no tecido civil da população, vivenciadas como traumas amplamente compartilhados e entre os primeiros a serem amplamente difundidos pelos sistemas de comunicação de massa. O atentado às Torres Gêmeas, em 2001, alargou nossa visão para além das fronteiras nacionais. Entre outras coisas, foi após esse evento que os estudos científicos sobre trauma se multiplicaram. Todos os cidadãos, e não só os habitantes de Nova Iorque, ficaram estupefatos, incrédulos, atônitos, perante as imagens que circulavam repetidamente na televisão.

E então, quando falamos de traumas, não podemos esquecer aquilo que chamamos de "condições traumáticas", que não são exatamente eventos. Referimo-nos àquelas realidades que se encontram sobretudo dentro do ambiente interpessoal de desenvolvimento de uma criança e que muitas vezes dizem respeito às suas figuras de referência, que se repetem ao longo do tempo, são recorrentes e, por vezes, duram anos e anos. Especialmente os *maus--tratos físicos* e o *abuso sexual*, mas também a *violência doméstica* e a *grave negligência*, como especificaremos mais adiante falando das chamadas "experiências infantis desfavoráveis" e dos chamados "traumas complexos".

Condições traumáticas (traumas complexos)

- Traumas múltiplos
- Traumas crônicos
- Durante a fase de desenvolvimento
- Muitas vezes causados por figuras significativas

Paula ainda se lembra daquela tarde há muitos anos. Ela era apenas uma criança, tinha 7 anos. Estava na casa de campo, quando o tio entrou no quarto dela e começou a pedir-lhe que fizesse certas coisas. Paula – sempre que se lembra do que aconteceu – ainda sente uma sensação de confusão e vertigem. "O que aconteceu, o que quer dizer tudo isso, o que isso significa? É algo bom, é algo ruim, é um segredo especial, é algo de que ter vergonha? Medo, raiva, vergonha, repugnância. Tudo é realmente muito complicado!"

Portanto, situações muito diferentes entre si. Em todo caso, no entanto, aparecem como eventos caracterizados por *imprevisibilidade, incontrolabilidade, indecifrabilidade* para o sujeito que se encontra vivendo-os. Além de um *intenso estímulo sensorial* (imagens terríveis, ruídos altos, odores peculiares, sensações físicas etc.)

João é um jovem advogado de 32 anos. Não consegue manter relações sentimentais estáveis e duradouras. A sua vida sexual é completamente insatisfatória. Frequentemente é dominado por profundo sentimento de angústia e vergonha. Ele sabe o motivo. E fala disso muitas vezes para o psiquiatra a quem pediu ajuda. Quando tinha 12 anos, João foi abusado sexualmente por seu irmão mais velho e seu amigo, por um longo tempo, repetidamente. Prisioneiro da vergonha, nunca foi capaz de falar sobre isso ou pedir ajuda a alguém.

George tem 35 anos, nasceu na Romênia em 1981. Os seus primeiros anos de vida foram passados em um dos famosos e famigerados orfanatos da época de Nicolae Ceausescu: um ambiente completamente despersonalizado, desumanizador, sem quase nenhuma interação humana. Não havia nenhuma figura estável de referência, pouquíssimos funcionários, muitas crianças, muitas vezes arrancadas de seus pais, consideradas, com razão ou não, adversárias do ditador comunista. Quando o regime caiu, George tinha 8 anos, e foi confiado a uma família local. Mas as dificuldades apresentadas pela criança e o absoluto despreparo desses dois novos pais improvisados logo levaram a experiência ao fracasso. Aos 14 anos, quando chegou à Itália, George já havia passado por três famílias adotivas diferentes.

Para finalizar, devemos também recordar algumas experiências, infelizmente não tão raras como seria de esperar, que são aquilo que a literatura científica chama de "estresse extremo". Entre todos, os terríveis regimes carcerários que caracterizam algumas realidades do nosso planeta e a *tortura*. Experiências presentes nas histórias de muitos daqueles que foram obrigados a emigrar, as pessoas que solicitam *asilo* e os *refugiados* com os quais lidamos hoje diariamente nas nossas cidades.

Bassan nasceu em 1994 em Burkina Faso. Aos 11 anos, seu pai morreu em um acidente e sua mãe se casou novamente com um homem de uma aldeia distante, com quem teve mais dois filhos. Bassan ficou na sua aldeia natal e foi confiado a seu tio paterno, que infelizmente abusou dele sexual, física e psicologicamente durante três longos anos.

Bassan foi violentado diariamente e escravizado pelo tio; ele fazia todo o trabalho doméstico e foi forçado a deixar a escola de francês por causa das muitas dores físicas (na barriga e nas costas) que o impediam de se mover. Após três anos de tortura, Bassan conseguiu contar todos os fatos a um amigo seu, cujo pai era médico, e este, depois de uma visita, o levou imediatamente à polícia para denunciar o fato. Seu tio paterno foi preso em 2008 e Bassan, agora com apenas 14 anos, mudou-se para a Costa do Marfim, para viver com seu tio materno, que ele descreveu como a única figura positiva em sua vida. Infelizmente, Bassan e seu tio foram forçados a fugir da Costa do Marfim para a Líbia, onde a revolução eclodiu em 2011. Naquele mesmo ano, foram, portanto, obrigados a empreender nova viagem para Lampedusa. Bassan e o tio partiram em barcos diferentes; o do tio parece nunca ter chegado a seu destino. Desde então, o rapaz não teve mais notícias dele.

Fátima é uma moça somali de 28 anos, de uma minoria étnica. O cartão do centro de acolhida onde ela é hóspede a descreve como uma jovem alegre e comunicativa, que tende a elevar a moral das suas companheiras. Está na Itália há dezoito meses, mas não fala italiano e recusa-se a frequentar um curso para aprender a língua. Foi-lhe recentemente negado o status de refugiada; a comissão não acreditou na sua história, então está à espera de uma nova audiência. Foi enviada ao ambulatório do Hospital Espírito Santo, em Roma, devido a sintomas como insônia, pesadelos noturnos, *flashbacks*, irritabilidade e dor intensa e generalizada nas mãos, pernas e cabeça. Esses sintomas aumentaram consideravelmente desde que lhe foi negado o status de refugiada e de que dois dos seus companheiros deixaram o Centro porque, tendo recebido a autorização de residência, conseguiram finalmente encontrar um trabalho. Fátima perdeu os pais aos 7 anos, durante a guerra, e dessa experiência recorda-se apenas "das pessoas correndo e... fogo por todo o lado". Acolhida, então, na casa de uma tia, foi maltratada e forçada a fazer os trabalhos domésticos, como empregada, enquanto seus primos iam para a escola. Casou-se muito jovem, mas o marido pertence a outra religião e, por isso, foi perseguido e forçado a fugir para as montanhas. Ela também, ameaçada de morte, fugiu deixando duas crianças ainda pequenas. Durante a viagem por vários países africanos, foi repetidamente torturada, violentada e presa. Há mais de dois anos não tem notícias do marido nem dos dois filhos que teve de abandonar, mas que acredita estarem em boas mãos. As crianças lhe fazem muita falta e tem um forte sentimento de culpa em relação a elas, convencida de que nunca mais voltará a vê-las.

A população dos refugiados e requerentes de asilo carrega frequentemente histórias de múltiplos eventos traumáticos. Os eventos traumáticos mais frequentes relatados são: privações materiais, desaparecimento, morte ou ferimento de pessoas afetivamente significativas, feridas físicas, condições ligadas às guerras, ter presenciado violência contra outras pessoas, ter sofrido torturas, confinamentos forçados, coerções e, principalmente, ter experimentado a falta de água e de comida.

Condições traumáticas nos refugiados e requerentes de asilo (traumas complexos)

Antes da fuga

Desaparecimento de familiares, mortes violentas e lutos traumáticos, separações, torturas, prisões, violências, estupros, fome, epidemias, fugas difíceis, passagens por diversos países, perigos, rejeições, viagens incertas...

Depois da chegada

O exílio e desenraizamento, a incerteza e o medo da "deportação", o choque cultural, o medo da transferência pela Convenção de Dublin,[1]

---

[1] Lei da União Europeia que visa agilizar o processo de candidatura para os refugiados que procuram asilo político ao abrigo da Convenção de Genebra. A intenção é esclarecer qual o Estado-membro é responsável por determinado requerente de asilo e assegurar que pelo menos um membro se habilite. Um dos principais objetivos é impedir um candidato de apresentar candidaturas em vários Estados-membros. Outro objetivo é reduzir o número de pessoas que são empurradas de um Estado-membro a outro. Um dos principais problemas é o uso da detenção para forçar a transferência do demandante, sendo praticamente impossível apelar contra as transferências, mesmo quando ocasionam a separação de famílias. (Fonte: Wikipedia.) (N.E.)

> o medo da audiência, e as dificuldades de recordar, a espera da resposta depois do pedido de asilo, as dificuldades ligadas à compreensão do novo mundo no qual se encontra, a falta de trabalho, de um lugar para morar...

3. O conceito de trauma segundo a psiquiatria

O problema histórico em face do trauma sempre foi o de uma definição compartilhada: pode ser descrito como um fato objetivo, portanto, relacionado a uma lista precisa de eventos, ou como um fato subjetivo para o qual o que é traumático para um indivíduo pode não ser traumático para outro?

A psiquiatria oficial sempre tentou limitar a definição de "trauma" apenas aos casos objetivamente mais graves, para distingui-lo dos eventos negativos da vida genericamente compreendidos. A psicologia, por outro lado, escolheu mais frequentemente a segunda opção.

O DSM-IV-TR (*Diagnostic and Statistical Manual of Mental Disorders*, 2000), a principal classificação internacional publicada por psiquiatras americanos, mas referida por profissionais de todo o mundo para formular os diagnósticos, por exemplo, dava a seguinte definição de trauma, referindo-se ao transtorno de estresse pós-traumático (PTSD, Post-Traumatic Stress Disorder, que descreveremos em detalhes a seguir): "... experiência pessoal direta de um evento real ou ameaçador que envolve morte, sério ferimento ou outra ameaça à própria integridade física; [...] (ou) à integridade física de outra pessoa".[2]

A dimensão subjetiva no DSM-IV-TR era introduzida pela seguinte frase: "A resposta ao evento deve envolver intenso medo,

---

[2] A versão brasileira pode ser encontrada aqui: AMERICAN PSYCHIATRIC ASSOCIATION. *Manual diagnóstico e estatístico de transtornos metais.* Tradução: Batista Dayse. 4. ed. Porto Alegre: Artes Médicas, 1995. p. 404. (N.T.)

impotência ou horror". Era necessário, portanto, um evento objetivo que também envolvesse uma resposta subjetiva.

De acordo com o DSM-5 (2013), que é a última edição atualizada do manual, o trauma agora tem a seguinte definição: "Exposição a episódio concreto ou ameaça de morte, lesão grave ou violência sexual em uma (ou mais) das seguintes formas:

- vivenciar diretamente o evento traumático;
- testemunhar pessoalmente o evento traumático ocorrido com outras pessoas;
- saber que o evento traumático ocorreu com familiar ou amigo próximo. Nos casos de episódio concreto ou ameaça de morte envolvendo um familiar ou amigo, é preciso que o evento tenha sido violento ou acidental;
- ser exposto, de forma repetida ou extrema, a detalhes aversivos do evento traumático".[3]

Estes quatro pontos representam uma tomada de posição mais uma vez "objetiva" e que deve ser seguida para se fazer um diagnóstico médico.

DSM-IV-TR

A pessoa foi exposta a um evento traumático no qual estavam presentes as duas seguintes características:

1. a pessoa *viveu, testemunhou ou se confrontou* com um evento ou com eventos que resultaram em morte, ou ameaça de morte, ou graves lesões ou ameaça à própria integridade física ou à de outros;
2. a resposta da pessoa inclui *intenso medo, impotência ou horror*. Em crianças, isso pode ser expresso com comportamento desorganizado ou agitado.

---

[3] AMERICAN PSYCHIATRIC ASSOCIATION. *Manual diagnóstico e estatístico de transtornos metais*: *DSM-5*. 5. ed. Porto Alegre: Artmed, 2014. p. 271. (N.T.)

DSM-5

Exposição a episódio concreto ou ameaça de morte, lesão grave ou violência sexual em uma (ou mais) das seguintes formas:

1. *Vivenciar* diretamente o evento traumático.
2. *Testemunhar* pessoalmente o evento traumático ocorrido com outras pessoas.
3. *Saber* que o evento traumático ocorreu com familiar ou amigo próximo. Nos casos de episódio concreto ou ameaça de morte envolvendo um familiar ou amigo, é preciso que o evento tenha sido violento ou acidental.
4. *Ser exposto*, de forma repetida ou extrema, a detalhes aversivos do evento traumático.

Em outras palavras, os psiquiatras apontam que o estresse pós--traumático afeta não apenas aqueles que são direta e pessoalmente afetados pelo evento traumático, mas também os familiares e os amigos próximos que tomam conhecimento do fato, bem como a equipe de resgate envolvida que – mesmo quando devidamente preparada –, às vezes, se depara com situações de resgate mais extremas, que podem resultar em mutilação ou morte de crianças e sentimentos intensos de impotência e horror. Basta pensar no trabalho realizado por bombeiros após tragédias de grandes proporções.

O estresse pós-traumático pode estar relacionado com:

- aqueles que experimentam o evento em primeira pessoa (traumatização primária);
- os familiares e os amigos próximos (traumatização secundária);
- o pessoal do resgate (traumatização terciária);
- aqueles que coletam os testemunhos e investigam os detalhes de como o evento ocorreu (traumatização terciária).

4. Algumas estatísticas

Infelizmente, na vida de cada um de nós, a probabilidade de enfrentarmos mais cedo ou mais tarde uma experiência traumática parece ser bastante elevada: nada menos que 40 a 75%, dependendo dos diferentes estudos epidemiológicos realizados (Briere, 1997; Berliner e Briere, 1999).

Devemos também recordar como alguns acontecimentos traumáticos são mais ou menos frequentes também em função do gênero: a violência sexual no mundo afeta em grandíssima medida as mulheres, bem como os traumas de combate dizem respeito, na maioria dos casos, aos homens.

Mas – e esta é uma boa notícia – nem todos aqueles que enfrentam um acontecimento traumático acabam por apresentar algum tipo de sofrimento clinicamente relevante, embora, infelizmente, ainda possam ter boas probabilidades de desenvolver um distúrbio: pelo menos 30% da população, mas alguns estudiosos falam até de quase 50%.

Os números

- Kessler et al., 1995 (amostra: 800 pacientes): 8% dos homens e 20% das mulheres que sofrem um trauma têm distúrbio de longa duração.
- 14% da população norte-americana sofrerá de um distúrbio de estresse pós-traumático durante sua vida (Yehuda, 1999).
- Presença de transtorno de estresse pós-traumático durante a vida: entre 10 e 39% da população (Breslau et al., 1991; Kilpatrick, Resnick, 1993; Kulka et al., 1990; Norris, 1992).

Por exemplo, menos de 25% dos soldados expostos a batalhas desenvolvem um distúrbio como resultado dos traumas sofridos e, no máximo, 25-30% das pessoas expostas a graves situações traumáticas graves têm reações psicopatológicas anormais. Pense nisso: mesmo entre as mulheres estupradas, parece que apenas 13% delas sofrerá de transtorno de estresse pós-traumático (que descreveremos em detalhes em breve).

No próximo capítulo, vamos nos concentrar em uma melhor compreensão daqueles fatores que podem tornar mais ou menos provável o desenvolvimento de um transtorno (Giannantonio, 2009).

PARA APROFUNDAR

Ensaios acadêmicos

- *Traumi psicologici, ferite dell'anima*, Isabel Fernandez, Giada Maslovaric, Miten Veniero Galvagni, Liguori Editore, 2011.
- *Le ferite invisibili. Storie di speranza e guarigione in un mondo violento*, Richard F. Mollica, il Saggiatore, 2007.

Filmes

- *A física da água*, Felice Farina, 2010.
- *Valsa com Bashir*, Ari Folman, 2008.

Romances

- *Muito longe de casa: memórias de um menino-soldado*, Ishmael Beah, Companhia de Bolso, 2015.
- *O caçador de pipas*, Khaled Hosseini, Nova Fronteira, 2004.

Para este primeiro aprofundamento, escolhemos a parte inicial de uma escala diagnóstica, a PCL-5 (*PTSD Checklist for DSM-5*), que ajudará o leitor a avaliar aqueles eventos da própria vida que podem ser classificados como traumáticos.

Instruções:[4] a seguir estão listadas algumas situações estressantes ou difíceis que algumas vezes acontecem com as pessoas.

Para cada evento, marque um ou mais itens à direita para indicar que: (a) aconteceu com você pessoalmente; (b) você testemunhou o evento, que ocorreu com outra pessoa; (c) você ficou sabendo do evento, o qual aconteceu com um familiar ou amigo próximo; (d) você foi exposto ao evento como parte de seu trabalho (por exemplo, paramédico, policial civil, militar ou outro socorrista); (e) você não tem certeza se o evento se enquadra; ou (f) não se aplica a você.

Certifique-se de considerar toda a sua vida (desde a infância até a vida adulta), quando for examinar a lista de eventos.

PCL-5

A. Aconteceu comigo

B. Testemunhei

C. Fiquei sabendo

D. Faz parte do meu trabalho

E. Não tenho certeza

F. Não se aplica

---

[4] Versão autorizada, traduzida e adaptada para o português do Brasil em junho 2016. Autores: Flávia de Lima Osório, Marcos N. Hortes Chagas, Natalia M. Souza, Rafael Guimarães dos Santos, Thiago Dornela Apolinario da Silva, Rafael Faria Sanches, José Alexandre de Souza Crippa.
Versão original: The PTSD Checklist for DSM-5 with Life Events Checklist for DSM-5 and Criterion A. Reference: Weathers FW, Litz BT, Keane TM, Palmieri PA, Marx BP, Schnurr PP. (2013). *The PTSD Checklist for DSM-5* (PCL-5) – Extended Criterion A (Mesaurement instrument).

EVENTO	A	B	C	D	E	F
1. Desastre natural (por exemplo, enchente, furacão, deslizamento de terra, tornado, terremoto)						
2. Incêndio ou explosão						
3. Acidente com meios de transporte (por exemplo, acidente de carro, acidente de barco, acidente de trem, acidente de avião)						
4. Acidente grave no trabalho, em casa ou durante atividade de lazer						
5. Exposição a substâncias tóxicas (por exemplo, produtos químicos perigosos, radiação)						
6. Agressão física (por exemplo, ser atacado, golpeado, esbofeteado, chutado, espancado)						
7. Agressão com uma arma (por exemplo, ser baleado, esfaqueado, ameaçado com uma faca, arma, bomba)						
8. Agressão sexual (estupro, tentativa de estupro, tentativa de qualquer tipo de ato sexual através da força ou ameaça)						
9. Outra experiência sexual constrangedora ou não consentida						
10. Combate ou exposição a zonas de guerra (nas forças militares ou como civil)						
11. Cativeiro (por exemplo, ser sequestrado, raptado, ser feito refém, prisioneiro de guerra)						
12. Doença ou lesão com risco de vida						

13. Sofrimento humano grave					
14. Morte violenta e repentina (por exemplo, homicídio, suicídio)					
15. Morte acidental repentina					
16. Ferimentos graves, dano ou morte que você causou a outra pessoa					
17. Qualquer outro evento ou experiência gravemente estressantes					

2

OS FATORES DE RISCO
E OS FATORES DE PROTEÇÃO

1. Por que nem todas as pessoas que sofrem traumas desenvolvem transtornos psicologicamente relevantes?

Existem vários elementos que podem aumentar ou diminuir a probabilidade de as pessoas se sentirem muito mal após um trauma, em termos médicos e psiquiátricos.

Se o trauma nem sempre tem efeitos patológicos, temos de reconhecer a importância de uma série de fatores. A psicologia os chama de *fatores de risco* e *fatores de proteção*, que, como veremos, aparecem ligados tanto ao tipo de trauma sofrido quanto à história do indivíduo, às suas características de personalidade, ao ambiente em que está imerso, à qualidade do apoio que pode receber.

Ao somar e interagir uns com os outros, são esses fatores que determinam se o resultado da nossa viagem subjetiva estará mais próximo da saúde mental ou da patologia. Além disso, alguns fatores sociais e culturais também podem desempenhar um papel importante na gênese e na expressão clínica das consequências dos traumas, fornecendo-nos significados, ajudando-nos ou impedindo-nos de dar sentido ao que vivemos.

2. Fatores de risco relacionados ao tipo de trauma

Entre os primeiros fatores a considerar estão obviamente aqueles relacionados ao *tipo de trauma*, à sua *magnitude*: alguns estímulos têm características particularmente difíceis de processar, por exemplo, quanto mais repentino, intenso (pense em um *tsunami*, como grande evento conhecido por todos), incontrolável e inevitável é o evento, e quanto mais perto você estiver do ponto onde o evento ocorre. Uma coisa é estar no lugar onde ocorre um incêndio, outra é observar a cena de longe e outra é apenas ouvir um testemunho do acontecimento. Em outras palavras, as pessoas diretamente expostas ao perigo e ao risco de morrer são as mais propensas a sofrer as maiores consequências emocionais. A "força do estímulo", portanto, é um indicativo crucial de quem mais sofrerá com o evento: quanto maior e mais direta a ameaça de morte, maior a exposição sensorial (imagens, cheiros, sons, dor etc.) e maior o risco de desenvolver um transtorno de estresse pós-traumático.

Características dos eventos traumáticos mais difíceis de lidar

- Natureza mais repentina do evento
- Maior intensidade do evento e maior estímulo sensorial
- Incontrolabilidade do evento
- Maior proximidade física do evento
- Envolvimento de crianças no evento

Experiências traumáticas com maior risco de consequências psicológicas

- Fenômenos de destruição total, em massa, de morte coletiva

- Graves lutos traumáticos, repentinos e "não naturais" (por exemplo, a morte inesperada de um filho adolescente)
- Morte de toda a família ou comunidade (como é o caso dos genocídios)
- Catástrofes com possibilidade de contaminação
- Abusos e maus-tratos durante a fase de desenvolvimento
- Negligência grave durante a fase de desenvolvimento
- Violência grave (por exemplo, estupro em grupo)

3. Fatores de risco relacionados à pessoa que sofre o trauma

Reconhecemos como importantes alguns elementos relacionados à pessoa que sofre o trauma.

Entre os primeiros fatores, e antes de qualquer outro, o tipo de trabalho: quem trabalha nos serviços de emergência e o pessoal de salvamento está obviamente sujeito a uma carga de estresse, por vezes, muito elevada. Pensemos, por exemplo, no corpo de bombeiros, no pessoal de resgate ou nos policiais que combatem a pedofilia diretamente. Por mais psicologicamente "equipados" que estejam – porque emocionalmente motivados e preparados –, às vezes enfrentam situações realmente muito difíceis.

Ubaldo é um bombeiro de 47 anos. Ele trabalha há muitos anos nesse serviço. Sempre se sentiu capaz e emocionalmente forte. Tem orgulho do seu trabalho e de ter salvo tantas pessoas da água e do fogo. Há quatro anos tornou-se pai. Passou por uma grande mudança. Com espanto e incredulidade, até se emocionou com as triviais performances escolares de seu filho, ele, um homem forte e íntegro, e que conhece os aspectos mais trágicos da vida.

Muitas vezes ele tinha intervindo em incêndios em que havia crianças envolvidas. Não entende por que desta vez parece tão diferente. Não consegue mais esquecer aquela criança. Os seus gritos, enquanto morria engolida pelas chamas bem na frente dele, que não tinha como salvá-la, reaparece todas as noites quando ele tenta adormecer. Juntamente com aquele cheiro acre e terrível de carne queimada. Talvez porque aquela criança se parecia tanto com a sua.

Também a situação de vida em que se encontra quem permanece vítima de um trauma tem a sua importância na determinação da intensidade das suas reações: o estresse pode, de fato, se acumular, a ponto de ultrapassar um limite – diferente para cada um – para além do qual surge um intenso sofrimento, sintomas psicopatológicos, reações físicas. Assim, aqueles que já viveram lutos, traumas, eventos de perda no passado, são mais propensos a desenvolver sintomas quando entram em contato com outra situação difícil. O mesmo se aplica àqueles que já passaram ou estão passando por separações ou divórcios, para aqueles que já sofreram depressão ou outros transtornos psiquiátricos, para aqueles que abusam ou são dependentes de álcool ou substâncias, para aqueles que vivem na solidão afetiva e social, para quem cuida de um cônjuge ou de um filho com uma doença ou deficiência grave.

Fatores de risco para uma reação mais intensa após exposição a eventos traumáticos

- Histórico anterior de exposição a outros eventos traumáticos (efeito cumulativo)
- Transtornos psicológicos e psiquiátricos anteriores
- Vulnerabilidade preexistente à depressão
- Abuso de álcool ou de outras substâncias
- Tendência a reagir às dificuldades com fugas, com autoacusação ou com "ruminação" mental
- Baixos níveis de apoio emocional ou social, altas pressões do ambiente, altos níveis de riscos sociais

E, finalmente, também a personalidade das vítimas de um trauma parece desempenhar um papel importante: os mecanismos de defesa individual, os chamados "estilos cognitivos", as atitudes emocionais básicas etc.

> **Fatores de proteção para uma reação menos intensa após a exposição a eventos traumáticos**
>
> - Maior capacidade de introspecção
> - Maior autoestima
> - Maior capacidade de aprender com a experiência
> - Maior capacidade de suportar o estresse
> - Maior elasticidade mental
> - Maior coragem, autodisciplina e criatividade
> - Maior senso de humor, pensamento construtivo
> - Maior atitude em relação à esperança

Mas como se forma a personalidade individual? Dentre os diferentes fatores que contribuem para a construção da personalidade de cada um de nós, devemos distinguir alguns de natureza biológica, outros de natureza psicológica, outros ainda de tipo social. É por isso que a psicologia e a psiquiatria chamam a tudo isso de "modelo biopsicossocial".

Fatores biológicos

Cada pessoa nasce com um sistema nervoso mais ou menos reativo, mais ou menos "sensível", mais ou menos *resiliente* (outro termo que discutiremos melhor daqui a pouco. Por agora basta dizer que por *resiliência* entendemos a capacidade de uma pessoa de se recompor, recuperar-se e voltar a um estado de bem-estar, depois de sofrer um trauma), tanto pelas suas características inatas como pela forma como amadureceu ao longo dos anos. Esta é a base da chamada "vulnerabilidade biológica" (novamente, um termo amplamente utilizado pela psiquiatria moderna). Não é só o produto do patrimônio genético, mas também da alimentação mais ou menos adequada ou carente, das eventuais infecções, do encontro com substâncias poluentes ou tóxicas (basta pensar nos efeitos da nicotina ou do álcool no feto), das complicações que ocorrem durante a gravidez ou o parto, do estado hormonal e – pense nisso – até do estresse experimentado pela mãe durante a gravidez e no período neonatal. Todos esses fatores aumentam ou diminuem significativamente a "vulnerabilidade biológica" para reagir de uma forma ou de outra a situações particularmente difíceis e dolorosas que podem ocorrer durante a vida, como aquelas que chamamos de traumas.

E o sexo feminino – ainda são as estatísticas fornecidas pela epidemiologia que nos dizem – é muito mais propenso a sofrer de transtornos pós-traumáticos do que o sexo masculino.

Além disso, não se trata apenas de herdar genes defeituosos. Os cientistas estão estudando se a exposição a um estresse excessivo e prolongado poderia, com o tempo, alterar a forma como os genes normais são "expressos", ou seja, o quanto eles são ativos. Crianças que sofreram traumas significativos podem desenvolver alterações em um gene chamado FKBP5, que pode alterar o sistema de regulação do estresse, tornando-as menos capazes, como adultos, de lidar com a tensão e, portanto, mais suscetíveis a desenvolver transtornos de estresse pós-traumático e transtornos de ansiedade. Outras pesquisas descobriram que a mudança induzida pelo trauma nos genes poderia afetar a própria resposta do cérebro ao estresse, levando ao TEPT e à depressão. Estas mudanças poderiam, então, ser transmitidas às gerações futuras.

No entanto, essa discussão não deve levar-nos a pensar que ter ou não ter certas alterações é uma mera questão de genes. Foi por isso que falamos de *vulnerabilidades* e não de *causas*.

Fatores psicológicos

Os fatores psicológicos, de fato, parecem ainda mais importantes. Entre estes, é claro, a qualidade do vínculo vivenciado com os próprios pais, que pode ter sido fonte de maior ou menor grau de segurança e ter funcionado mais ou menos bem como uma base segura (este termo foi cunhado nos anos 1970 por um grande psiquiatra inglês, John Bowlby, para descrever a vinculação entre mãe e filho).

Na verdade, o funcionamento de todo o *sistema familiar*, além do relacionamento com os colegas, os professores, as outras figuras educacionais, parece representar potenciais fatores de risco ou de proteção, dependendo de como as coisas se deram ao longo do desenvolvimento individual.

Augusto tinha apenas 8 anos quando foi abusado sexualmente por um treinador de futebol, no oratório da paróquia da sua cidade, que recentemente começava a frequentar. Voltou para casa chorando. Os pais, mesmo sendo pessoas simples, de pouca instrução, perceberam imediatamente que algo estava errado e, com muito tato, deixaram que a criança lhes contasse o que havia acontecido. Consolaram-no e pediram a intervenção imediata da polícia, o que levou à prisão e à condenação do agressor. Foi precisamente essa cuidadosa e firme proteção por parte dos pais que permitiu a Augusto limitar as consequências negativas e mitigar os efeitos potencialmente devastadores sobre a própria personalidade daquela terrível experiência.

Rino tem 10 anos e vive no campo, em uma cidade pequena, com uma realidade social bastante difícil. Um dia, um amigo de seu pai, retornando de uma caçada, colocou seu rifle em uma parede em frente à casa deles. Rino estava brincando com seu amiguinho, filho do amigo de seu pai, que tinha a sua idade. Estavam sozinhos. Os pais entraram na casa. Rino pegou a arma e disparou. A outra criança morreu com o tiro. "O que você fez? Você o matou. Você matou uma criança", todos gritavam. Ninguém foi falar com ele com o objetivo de cuidar e acalmar a ferida inevitável que esse episódio iria deixar indelével em sua mente. A partir desse dia, Rino desenvolveu uma séria gagueira. Mas nem mesmo esse sintoma fez seus pais – pessoas extremamente simples e despreparadas – entenderem a necessidade de ajudar a criança.

Fatores sociais

A pobreza extrema, as dificuldades econômicas. Os problemas de moradia e de trabalho. O desemprego. É intuitivo entender como todos esses fatores sociais são particularmente importantes para determinar a carga de estresse.

Outra variável, de certa forma ainda mais importante, é a presença/ausência da entidade de *apoio social* à disposição da vítima depois da experiência traumática, ou seja, das respostas que encontra do próprio ambiente familiar e interpessoal, dos amigos, das pessoas à sua volta, do quanto estas serão capazes de oferecer conforto e segurança, proximidade protetora, da capacidade delas de ouvir e de dar reforço emocional. É mais provável, por exemplo, que abusos e graves maus-tratos ocorram em famílias socialmente isoladas.

> **Modelo biopsicossocial**
>
> Predisposições genético-constitucionais
>
> +
>
> Fatores de estresse ambientais e psicossociais
>
> =
>
> Transtornos psicopatológicos

Não devemos pensar que as pessoas que não desenvolvem uma reação francamente patológica tenham necessariamente superado bem a experiência traumática: as sequelas que isso pode deixar podem se expressar através de um desconforto psicológico e um sofrimento interior que talvez não sejam totalmente reconhecíveis, mas que, no entanto, são relevantes ou limitantes para a pessoa, que, portanto, ainda precisa de ajuda. Todos podem precisar de ajuda, não apenas aqueles que apresentam um diagnóstico médico codificado por psiquiatras!

Uma coisa são os diagnósticos psiquiátricos que se referem a configurações de sintomas que constituem verdadeiras doenças médicas, outra é o desconforto subjetivo que pode acompanhar muitos *eventos estressantes negativos* (para usar mais uma vez o termo comumente utilizado na literatura científica), percebidos *subjetivamente* com uma qualidade traumática. Entre estes encontram-se muitas situações, episódios, memórias dolorosas que podem ter contribuído significativamente para o surgimento de um problema ou para a sua manutenção, especialmente quando ocorrem na infância: uma bofetada imerecida de um dos pais, uma humilhação diante de seus colegas, um episódio de *bullying*, uma decepção afetiva, em suma, todos aqueles eventos – inevitáveis na vida de qualquer um – que são frequentemente chamados pelos psicólogos de "traumas com t minúsculo" e que podem, de formas diferentes, dependendo do caso, ter contribuído para os problemas pessoais da vida adulta, aumentando significativamente o limiar da vulnerabilidade individual.

PARA APROFUNDAR

Ensaio acadêmico

- *Uma base segura: aplicações clínicas da teoria do apego*, John Bowlby, Artmed, 1989.

Filmes

- *O franco atirador*, Michael Cimino, 1978.
- *Amargo regresso*, Hal Ashby, 1978.

Romances

- *Matterhorn: um romance sobre a guerra do Vietnã*, Karl Marlantes, Rai, 2011.
- *Il respiro del buio*, Nicola Lilin, Einaudi, 2011.
- *Outras vidas que não a minha*, Emmanuel Carrère, Alfaguara, 2010.

Entre as pessoas com maior risco de desenvolverem transtornos pós-traumáticos, mencionamos o pessoal que trabalha em emergências e os socorristas. É por isso que, abaixo, decidimos incluir algumas informações úteis para aqueles que estão gerenciando a ajuda nesse tipo de situação, divulgadas pela Associação EMDR para a Itália – uma das organizações envolvidas na assistência psicológica em campo – imediatamente após o forte terremoto que atingiu a região central da Itália, em 2016, e deixou mais de 300 mortos e desalojou cerca de 65 mil pessoas.

Terremoto de 24 de agosto de 2016
Ajudar-se para ajudar

Indicações de autoproteção para socorristas

Nas situações de emergência máxima, quando um evento crítico grave atinge toda uma população, cria-se uma condição de alta comoção que diz respeito ao indivíduo, à comunidade e aos próprios socorristas. As pessoas que são vítimas de um evento traumático sofrem uma alteração do quadro mental, emocional e afetivo, e se encontram em um estado de alerta constante que compromete o senso de segurança. Um evento que acontece de repente, como um terremoto, afeta a vida de todos, fragmentando o equilíbrio anterior e criando reações de perigo e sintomas de ansiedade. O cenário complexo em que nos encontramos para o trabalho, o alto número de vítimas, a reativação contínua da condição de perigo são alguns dos fatores que determinam o contexto de alta criticidade psicológica de um terremoto. Como socorrista, você participa do mesmo cenário traumático, com o objetivo de prestar ajuda, mantendo-se em contato com as vítimas que estão em um estado de choque e de sofrimento emocional muito grande: isso as expõe a um forte sentimento de vulnerabilidade e também de impotência. Essas condições são normais e independentes do seu nível operacional e de seu preparo técnico. É o próprio evento crítico que também causa reações emocionais particularmente intensas nos socorristas, de forma que, às vezes, podem interferir na capacidade de funcionar tanto durante a exposição ao cenário quanto depois, por momentos diferentes e individuais.

Durante a fase operacional, você pode experimentar algumas das seguintes reações:

→ desorientação diante do caos do cenário;

→ estresse por superexposição às demandas (apelos das vítimas, necessidades a serem atendidas...);

→ impotência e inadequação;

→ onipotência e falta da percepção dos seus limites;

→ identificação com as vítimas e/ou os familiares;

→ frustração e raiva pela falta de reconhecimento e/ou com a desorganização institucional.

No final do turno e/ou quando você voltar para casa, pode experimentar uma ampla gama de emoções, tais como tristeza, culpa, raiva, medo, confusão e ansiedade. Às vezes, porém, aparentemente nenhuma emoção é "sentida". Reações somáticas podem também desenvolver-se, tais como transtornos físicos (dores de cabeça, transtornos gastrointestinais etc.), dificuldades em se deitar e relaxar. Há diferenças individuais acentuadas na aparência, duração e intensidade dessas reações. Como o processo de processamento é subjetivo, é possível que, em alguns casos, apenas uma ou várias dessas reações apareçam ao mesmo tempo, em um dia ou durante um período de tempo mais longo.

A seguir estão as reações mais comuns que podem durar por um período de alguns dias e/ou algumas semanas:

→ surgimento de imagens/pensamentos intrusivos: imagens recorrentes da cena e pensamentos perturbadores relacionados ao evento surgem contra a vontade;

→ sensações de ansiedade/medo excessivo: aumento da sensação de agitação, surgimento de medos não presentes anteriormente;

→ tendência à fuga: procrastinar a operatividade, não querer voltar ao cenário, pensamentos sobre abandonar o uniforme que costuma vestir etc....

→ reações excessivas ao estresse comum: incapacidade de dosar as reações a solicitações externas, é mais fácil perder a calma;

→ aumento da irritabilidade: surgimento de raiva ou ira sem fundamento;

→ sensação de isolamento: sentimento de abandono e solidão, desejo de isolar-se e não falar com ninguém, sentimento de "ser diferente";

→ confusão mental: facilidade de distração, dificuldade de concentração e/ou incapacidade de tomar decisões, alteração da capacidade normal de julgamento;

→ problemas relacionais: dificuldade no relacionamento com colegas, familiares e amigos;

→ dificuldade em dormir e/ou comer: dificuldade em adormecer, despertar e pesadelos frequentes ou hipersonia, ou seja, dormir muito mais horas do que o necessário.

O que se pode fazer

→ saber reconhecer as próprias reações emocionais e as dificuldades que podem surgir durante e após a exposição, de modo a descomprimir o quanto antes o próprio nível de estresse;

→ não negar os próprios sentimentos, mas lembrar-se de que é normal e que todos podem ter reações emocionais após um terremoto tão devastador;

→ saber monitorar as próprias reações físicas e emocionais, reconhecendo os próprios sistemas de ativação;

→ respeitar os períodos de descanso para recuperar a energia física e mental;

→ lembrar-se de que não está sozinho, mas faz parte de um sistema que pode apoiar e ajudar até mesmo os próprios socorristas;

→ observar o próprio estado emocional, sem julgar-se;

→ falar sobre eventos críticos que ocorreram no trabalho, ajudando a aliviar a tensão emocional;

→ respeitar as reações emocionais dos outros, mesmo quando são completamente diferentes e difíceis de entender em seu ponto de vista;

→ proteger o próprio equilíbrio emocional acessando os sistemas de apoio oferecidos aos socorristas. Conversar com um especialista de reações pós-traumáticas que tenha informações sobre reações específicas pode ajudar e acelerar o tempo de resolução das próprias reações;

→ acessar, quando e se possível, as intervenções de descompressão oferecidas às equipes de resgate. Existem ferramentas especializadas para apoiar e prevenir reações pós-traumáticas que podem ser aplicadas de forma rápida e eficaz nas primeiras horas após a operação.

Lembrar-se da importância da autoproteção emocional
significa ser mais eficiente no resgate;
proteger-se é a melhor maneira de proteger toda a população.

Se as reações forem difíceis de se contornar e você não notar melhora, entre em contato com profissionais treinados que, com um breve ciclo de reuniões individuais ou em grupo, podem ajudá-lo a lidar melhor com o desconforto.[1]

---

[1] Folheto preparado pela Associação Italiana para a EMDR, por ocasião do terremoto de 24 de agosto de 2016. www.emdritalia.it

3

POR QUE OS TRAUMAS SÃO IMPORTANTES: O QUE A CIÊNCIA NOS DIZ[1]

1. As consequências dos traumas na saúde física e mental

"Os eventos traumáticos nos primeiros anos da infância não se perdem, mas se conservam por toda a vida, como as pegadas de uma criança no cimento fresco. O tempo não cura as feridas que ocorrem nesses primeiros anos: apenas as esconde. As feridas não se perdem, tornam-se parte do corpo" (Lanius, Vermetten e Pain, 2010).

O papel dos eventos estressantes e traumáticos ora foi reconhecido, ora foi desvalorizado, dependendo dos diferentes momentos

---

[1] Capítulo escrito em colaboração com Margherita Onofri, graduada em Psicologia e Processos Sociais (Ciências e Técnicas Psicológicas). Excerto da tese de licenciatura *Le esperienze sfavorevoli infantili come fattore di rischio per le malattie psichiatriche e le malattie fisiche: lo studio ACE* [As experiências desfavoráveis das crianças como fator de risco para doenças psiquiátricas e doenças físicas], Faculdade de Psicologia, Universidade Sapienza de Roma, A.A. 2014-2015, relator professor Roberto Brugnoli.

históricos, da psicologia e da psiquiatria. Com certeza, durante os últimos vinte anos, como já mencionamos anteriormente, foi atribuída uma importância cada vez maior aos efeitos dos traumas, tanto pela comunidade científica internacional como pelas instituições mundiais responsáveis pela proteção da saúde.

Organização Mundial da Saúde – Plano de Ação 2013-2020

- A exposição a eventos estressantes em tenra idade é um fator de risco estabelecido pelo aparecimento de transtornos mentais que podem ser evitáveis. Os grupos vulneráveis podem incluir: membros de famílias que vivem na pobreza; pessoas com doenças crônicas; os neonatos e as crianças expostas a maus-tratos e negligência; adolescentes expostos ao uso de entorpecentes; grupos minoritários; idosos; pessoas que sofrem discriminação e violações dos direitos humanos.

- Os serviços de saúde mental devem incluir a necessidade de apoio psicossocial e serviços específicos ao trauma psicológico e à promoção da cura e da resiliência, para pessoas com transtornos mentais ou problemas psicossociais.

A total importância atribuída ao trauma veio apenas com o advento e o acordo compartilhado sobre aquele modelo agora conhecido como biopsicossocial, do qual já falamos no capítulo anterior: mesmo admitindo a existência de uma vulnerabilidade biológica, de uma predisposição para a psicopatologia (entendida não só como conjunto de fatores genéticos, hereditários e constitucionais, mas também como desenvolvimento cerebral influenciado pelos hormônios do estresse, pela alimentação, pelas substâncias e pelos agentes infecciosos), a psiquiatria moderna e a psicologia clínica atribuem um papel fundamental aos chamados "fatores psicológicos" (ligados às vicissitudes da ligação com as figuras de vinculação durante o desenvolvimento, em primeiro lugar, mas também aos acontecimentos da vida, especialmente se traumáticos, e, portanto, ao tema da perda e do luto) e "sociais" (por exemplo, o ambiente interpessoal e o apoio social).

Particular importância, é claro, parecem ter os traumas sofridos durante a primeira fase da vida, as "experiências adversas da infância" (ACEs, *Adverse Childhood Experiences*), cujos efeitos têm sido demonstrados por grandes pesquisas internacionais, começando com o trabalho de Anda e Felitti, que descreveremos mais adiante.

Os eventos negativos da vida, os traumas, os lutos devem ser considerados "fatores específicos", ou seja, capazes de aumentar a probabilidade de surgimento de *qualquer* doença física e mental, de influenciar o seu curso, de piorar o seu prognóstico, de provocar recaídas no caso de patologias tendencialmente crônicas, não só no caso dos transtornos de ansiedade, do humor ou dos transtornos dissociativos, mas até mesmo para aquelas patologias psiquiátricas graves consideradas consequências de uma pronunciada vulnerabilidade biológica, como a esquizofrenia e o transtorno bipolar.

2. Experiências traumáticas infantis
O conceito de trauma

Como já foi mencionado no capítulo 1, o problema histórico ante o trauma foi sempre o de uma definição compartilhada: pode ser definido como um fato objetivo, portanto, relacionado a uma lista precisa de situações claramente identificáveis, ou como um fato subjetivo, pelo qual o que é traumático para um indivíduo pode não ser para outro?

Certamente, nos últimos anos, assistimos a um progressivo alargamento do conceito de trauma: não só grandes eventos de natureza "civil" (catástrofes naturais; desastres aéreos, marítimos e ferroviários, acidentes rodoviários etc.) e "social" (guerras, terrorismo etc.), não apenas eventos interpessoais como o estupro e a tortura, mas também situações da infância que vão desde abuso sexual a maus-tratos físicos, até a grave negligência física e emocional – em outras palavras, os assim chamados traumas relacionais da negligente e evasiva falta de sintonia emocional com as próprias figuras parentais (Onofri, Onofri e Dadamo, 2016).

De fato, parece particularmente importante distinguir entre o conceito de "evento traumático", entendido como um "evento estressante do qual não se pode escapar, que sobrecarrega as capacidades de resistência do indivíduo" (de acordo com a definição dada pelo grande estudioso de traumas Van der Kolk, 1996a), e as chamadas "condições traumáticas", que se referem a situações prolongadas de ameaça incontrolável (e uma grave falta de resposta emocional é para uma criança uma fonte de estresse crônico e de alerta!), repetidas durante um longo período de tempo, que, quando ocorrem em idade evolutiva, gerariam os chamados "desenvolvimentos traumáticos" (Liotti e Farina, 2011) – em outras palavras, consequências psicopatológicas sobre a personalidade a longo prazo.

> *Maria Teresa* tinha quase 4 anos quando seu pai morreu, após uma grave doença que durou alguns meses. Desse período, ela se lembra acima de tudo da depressão de sua mãe, passando os dias na cama e deixando de cuidar dela. Ela se lembra de não entender o que estava acontecendo, de sua sensação de solidão, de seu fingir estar alegre para não desagradar sua mãe. Foi assim que começou, de alguma forma, a tomar conta dela, ela, que era só uma criança. Foi talvez por causa dessa sua experiência – reflete em psicoterapia – que aprendeu que um vínculo só é possível cuidando do outro, não perguntando, não manifestando suas necessidades. Desde então, de fato, todas as suas relações têm sido caracterizadas por uma marcante oblatividade, quase compulsiva, por um sentimento subjacente de "vitimização" e por dificuldades em estabelecer relações mais equitativas.

Um pouco de história

Pierre Janet foi um dos primeiros psiquiatras a considerar as experiências traumáticas, mais especificamente as memórias traumáticas que continuam a perturbar o indivíduo, como um importante fator causal. Os traumas sobre os quais Janet falava incluíam o luto traumático, o incesto, o estupro, o abuso físico na infância, o testemunho de uma morte violenta. Considerou as práticas inadequadas de cuidado infantil, isoladamente ou associadas com experiências traumáticas, como fatores que poderiam contribuir para o desenvolvimento de transtornos mentais (Janet, 1919).

Em seguida, Sigmund Freud ligou inicialmente a histeria a um ou mais eventos repetidos, de natureza sexual, que remontam à época infantil com a sua "teoria do trauma sexual infantil" ou "teoria da sedução", e depois a revisou e passou a falar não de eventos da realidade, mas de fantasias (Freud, 1896; 1897). A mudança do pensamento de Freud sobre o papel do trauma sexual no desenvolvimento psicopatológico, juntamente com suas teorias sobre as fantasias edípicas, deslocou o *focus* da atenção para longe do que estava acontecendo na realidade das famílias. Isso, infelizmente, condicionou muito o interesse pelo assunto, que permanecerá silenciado por várias décadas devido à predominância da teoria psicanalítica freudiana.

Com o advento das duas grandes guerras mundiais, os traumas psicológicos voltaram a despertar algum interesse, mas foi preciso a atenção dos pediatras para as lesões físicas inexplicáveis, que eram encontradas recorrentemente em algumas crianças, para finalmente reacender os refletores sobre a realidade dos maus-tratos infantis (Lanius, Vermetten e Pain, 2010). Os anos 1960 viram, assim, um aumento da sensibilização para essa questão, principalmente devido a mudanças na sociedade, a um número crescente de profissionais que trabalham com crianças e famílias, à emancipação das mulheres e a mudanças dos seus papéis (Finkelhor, 2011).

A negligência emocional também começou a ser considerada e tanto os profissionais como a sociedade começaram a estar mais dispostos a reconhecer que os pais podiam abusar emocional e fisicamente dos seus filhos. Entre as contribuições mais interessantes desse período está a de John Bowlby, que chamou a atenção para a psicopatologia como consequência dos acontecimentos da vida real. A Organização Mundial da Saúde encarregou-o de realizar um importante estudo internacional, após o fim da Segunda Guerra Mundial, sobre os efeitos da perda parental e da institucionalização precoce sobre a saúde mental infantil.

Relatório final para a Organização Mundial da Saúde (John Bowlby, 1951)

- Os cuidados maternos despendidos ao neonato, aos lactantes e, depois, à primeira infância têm uma importância fundamental para o desenvolvimento da saúde mental.

- Por "cuidados maternos" deve-se entender não só a satisfação das necessidades fisiológicas imediatas de alimentação, cuidados e proteção, mas também a capacidade de garantir adequadas respostas às necessidades afetivas e intelectuais da criança.

- A privação prolongada dos cuidados maternos na infância pode ter efeitos graves e por vezes permanentes na formação do caráter e, portanto, na personalidade adulta (anteriormente, também Spitz havia sublinhado a falta de "cuidados maternos" como causa de morte nas crianças hospitalizadas).

Em 1980, a American Psychiatric Association [Associação Psiquiátrica Americana] incluiu, pela primeira vez, na terceira edição do DSM, o diagnóstico do transtorno de estresse pós-traumático, marcando o início de uma verdadeira explosão de estudos científicos no campo da psicotraumatologia.

Depois de anos caracterizados pela subestimação do problema, pela ocultação, pelo contínuo "silenciamento" das vítimas, por um julgamento apriorístico da falta de confiabilidade dos muitos testemunhos de sobreviventes de incesto, agora a realidade do abuso sexual parece finalmente reconhecida pelo mundo acadêmico e científico, bem como por sociólogos e antropólogos. É claro que também existem as chamadas "falsas memórias", as simulações, as acusações injustificadas, mas tudo isso não afeta os dados estabelecidos. E a documentação recolhida ao longo dos anos por operadores de diferentes setores de estudo e de diferentes áreas de intervenção (policiais, pediatras, psicólogos, sacerdotes) testemunha sem sombra de dúvida a realidade da pedofilia, do abuso infantil, dos maus-tratos em geral e da negligência.

As pesquisas sobre o trauma infantil: quais as consequências?

Nos últimos anos, cada vez mais atenção tem sido dada, e cada vez mais investigações têm sido realizadas, com respeito às consequências não só de abuso e maus-tratos, mas também da negligência física e emocional e da exposição à violência doméstica. Assim, ao longo do tempo, foram sendo acumulados dados cada vez mais consistentes relacionados aos efeitos duradouros dos traumas na infância.

Por exemplo, desde a década de 1980, vários estudos têm indicado que depressão, sentimentos de isolamento, baixa autoestima, desconfiança relacional, abuso de substâncias entorpecentes e dificuldades sexuais são os efeitos mais frequentes, a longo prazo, do abuso e negligência infantil. Investigações mais recentes revelaram substancialmente as mesmas conclusões, incluindo, por exemplo, também um aumento do número de suicídios, de síndrome do pânico, de transtornos dissociativos, de transtorno de estresse pós-traumático e de comportamentos antissociais.

A maioria dos estudos realizados até o início dos anos 2000 investigou principalmente os efeitos do *abuso sexual* (Finkelhor, 2011, apenas para citar um), mostrando de que modo aqueles que tinham sofrido uma experiência sexual coercitiva eram mais susceptíveis a problemas sexuais subsequentes, bem como a comportamentos sexuais de risco, incluindo gravidez indesejada e abortos na adolescência e início da vida adulta.

Também o *abuso físico* na infância já tinha sido associado a maior risco de espancar os próprios filhos e a como estes, por sua vez, tenderiam a mostrar mais frequentemente modelos de vínculo inseguro (Van Ijzendoorn, 1995).

Semelhantemente às violências físicas e aos abusos sexuais, também o *abuso emocional* já parecia ter consequências particularmente negativas, pois aumentaria nas vítimas o risco de desenvolver problemas de saúde física e mental (Ogawa et al., 1997). Os indivíduos submetidos a violências psicológicas já tinham maior probabilidade de sofrer de doenças físicas e mentais crônicas, como a depressão, a dependência de drogas e o alcoolismo (Tomison e Tucci, 1997).

Outros estudos, já nas últimas décadas, mostraram como as crianças que viviam em um clima de *violência doméstica* apresentavam maiores níveis de ansiedade e maior frequência de transtorno de estresse pós-traumático. Essas crianças também corriam mais risco – ao atingirem a adolescência – de infringir a lei, de abusar de substâncias entorpecentes, de abandonar a escola e de ter problemas de relacionamento.

Os dados relatados até agora parecem, portanto, focar essencialmente em experiências que podemos definir como altamente traumáticas, vivenciadas por populações geralmente já consideradas "de risco". A principal novidade mostrada pelo estudo que agora levaremos em consideração – e que queremos colocar no centro deste capítulo – é justamente o fato de termos revelado como o conceito de experiências traumáticas infantis deve se estender a situações mais frequentes que afetariam a maioria da população, mas que não por isso devem ser consideradas "normais".

3. O estudo da ACE

O que se entende por ACE

As pesquisas empreendidas no campo médico e psicológico nos últimos anos têm mostrado que eventos de vida particularmente difíceis, como o abuso ou o trauma emocional, especialmente se vivenciados na infância, provocam efeitos a longo prazo tanto no aparecimento de doenças físicas quanto na adoção de comportamentos de risco pelos indivíduos, da infância à idade adulta.

Entre 1995 e 1998, na Califórnia, foi realizado – em colaboração com o Center for Disease Control and Prevention [Centro de Controle e Prevenção de Doenças] e o Kaiser Permanente (um centro médico californiano com atividades sem fins lucrativos) – um grande e importante estudo, conhecido como *ACE Study* (Adverse Childhood Experiences Study [Estudo sobre Experiências Adversas na Infância]), que constitui uma das mais amplas investigações epidemiológicas (com uma amostra com cerca de 17 mil pacientes!) e que deu início a um programa de pesquisa internacional.

Vincent Felitti, em 2013, contou como chegou ao estudo: "A ideia nasceu em 1985, na sequência dos resultados obtidos por um programa de intervenção de dieta integrada que permitia aos participantes, com grave obesidade, perderem uma considerável quantidade de peso. Os médicos envolvidos nesse projeto descobriram que a maior taxa de desistência do programa estava entre as pessoas que mais se beneficiavam com ele".

Este resultado levou a *equipe* a questionar-se sobre as causas de um efeito tão surpreendente que, de certa forma, ia contra todas as expectativas. A partir dos depoimentos dos pacientes, emergiu que a perda de peso muitas vezes era percebida por eles como uma espécie de ameaça, como algo que aumentava o nível de alerta deles, e que alguns comportamentos difíceis de extinguir (como o consumo alimentar em excesso) eram, de fato, estratégias compensatórias que os pacientes colocavam em prática como *tentativa de resolver problemas que surgiram na infância.*

Além disso, verificou-se que – antes da alimentação – muitos pacientes obesos tinham consumido tabaco, álcool, maconha e outras substâncias para gerir o estresse e aliviar os sentimentos de angústia e desconforto.

Foram precisamente esses resultados que geraram a hipótese de investigação subsequente: as experiências traumáticas vividas durante a infância e a adolescência são muito mais comuns do que se pensava, e os seus efeitos são um fator determinante na qualidade de vida das pessoas (Felitti e Anda, 2003).

Ao mesmo tempo que Vincent Felitti estava trabalhando com pacientes obesos, Robert Anda, do CDC (Center for Disease Control [Centro para Controle de Doenças]), estava investigando várias questões para a saúde pública, incluindo comportamentos de risco, como o consumo de tabaco e o abuso de álcool, bem como inúmeras doenças crônicas, como a obesidade. As observações do Dr. Felitti e o programa de pesquisa do CDC encontraram, assim, múltiplos pontos de contato.

O CDC e o Kaiser Permanente iniciaram um grande estudo epidemiológico sobre a influência das experiências infantis estressantes e traumáticas, investigadas como possíveis precursoras de comportamentos de risco para incapacidade, problemas sociais e morte nos Estados Unidos: as experiências traumáticas levadas em conta no estudo foram precisamente chamadas de *Adverse Childhood Experiences* (ACES), [Experiências infantis desfavoráveis].

As seguintes experiências, vividas no contexto familiar antes dos 18 anos, podem ser classificadas como ACEs (Felitti, 2013):

- abuso físico recorrente;
- abuso psicológico recorrente;
- abuso sexual;
- membro da família dependente de álcool ou de substâncias entorpecentes;
- membro da família acusado de crime;
- membro da família gravemente deprimido, com transtornos mentais confirmados, institucionalizado ou suicida;
- presença de uma mãe tratada violentamente;
- presença de só um ou nenhum dos pais (separação precoce de um progenitor biológico, por abandono, morte ou divórcio);
- negligência física;
- negligência emocional.

Trata-se, portanto, de experiências vividas essencialmente no contexto familiar. Algumas delas dizem respeito a ações ativamente realizadas com crianças, como o abuso e maus-tratos. Vale lembrar que os dados internacionais disponíveis indicam que o primeiro lugar entre os perpetradores de abuso sexual de crianças são figuras familiares, mas não biologicamente consanguíneas, por exemplo, tios ou novos parceiros das mães (Giulini e Xella, 2011).

> *David* lembra-se de como o seu pai se dirigia a ele praticamente gritando e insultando-o. As humilhações eram diárias. Ele constantemente o reprovava, fazendo-o sentir-se como um tolo, não importando o que estivesse prestes a fazer. Maldizia o fato de ter um filho "tão idiota", como ele costumava chamar-lhe. "Sentia-me cada vez mais inseguro, em casa eu tremia ao pensar que meu pai voltaria à noite, na escola eu não tinha nenhuma confiança nas minhas possibilidades com as meninas. Consegui convidar uma para sair pela primeira vez aos 27 anos!"

Outras experiências dizem respeito, em vez disso, a algumas disfunções familiares que podem limitar severamente a capacidade de os pais estarem atentos às necessidades da criança, até chegar às formas mais extremas de negligência.

Irina é a primogênita de um casal jovem, ambos cultos, que sempre trabalharam em ambientes internacionais. "A relação deles sempre foi muito intensa, conflituosa e passional. As cenas de ciúmes, os gritos, as lágrimas eram diárias. Completamente absorvidos por seus problemas como casal, podiam passar horas discutindo e fazendo as pazes, absolutamente descuidados do medo que suas ameaças recíprocas suscitavam em nós, filhas. Naqueles momentos não conseguiam pensar em nós, nem mesmo quando tínhamos uma gripe e 40 graus de febre. Sentíamo-nos completamente invisíveis. Era eu que tomava conta das minhas duas irmãzinhas. Sentia-me responsável e sempre atenta em tentar promover as pazes entre eles. Ainda hoje, assim que ouço alguém levantar a voz quando estou no trabalho, sinto meu corpo abalado por tremores involuntários".

O psicanalista Paul Williams (2014), em sua autobiografia *Il quinto principio* [*O quinto princípio*], conta sobre a própria infância, a partir de seu nascimento, que ocorreu após a morte muito precoce e prematura de uma irmãzinha. Do seu ponto de vista, foi um verdadeiro assassinato, porque a morte da pequena ocorreu por causa da negligência insensata de seus pais.

O pai era alcoólatra; a mãe, uma mulher violenta e hipersexualizada, que parecia mostrar apenas impaciência e ódio por Paul e Patrícia, irmã nascida depois dele. Ambos, imprevisivelmente, invadiam sua mente com ódio e desprezo, quase a esvaziando completamente.

A mãe, totalmente incapaz de elaborar o luto pela perda da primeira filha, no nascimento de Paul parecia iludir-se de ter conseguido alguma forma de reparação pelo que tinha acontecido. Paul tornou-se, assim, para sua mãe, a substituta da menina. Mas o mal-entendido logo se transformou em ódio pelo filho, que obviamente não podia corresponder às expectativas maternas. Esse tipo de experiência avassaladora por tais figuras de apego, tão negativas e quase desumanizantes, pode minar profundamente as capacidades de sentir, pensar e refletir sobre si mesmo.

Obviamente, as experiências levadas em consideração no estudo ACE não esgotam o campo das experiências negativas que podem ocorrer durante a idade de desenvolvimento.

Em primeiro lugar, também os traumas sofridos fora da família também podem ter consequências em longo prazo.

Além disso, o abuso psicológico pode muitas vezes assumir a forma não de ativos maus-tratos, mas de traumas ligados à privação afetiva, à negligência relacional, a atitudes desumanizantes (pense, por exemplo, na realidade que muitas crianças adotadas vivem antes da adoção nas instituições, mas não apenas). Em outras palavras, pode consistir em formas de trauma mais "silenciosas", mas igualmente dolorosas. Até naquelas decididamente mais dissimuladas e sutis de chantagem emocional, desconsideração de necessidades emocionais importantes, manipulações, impedimento à relação com um dos pais, ou de autênticas inversões de papéis.

Enrico pede ajuda psicoterapêutica para lidar com sua homossexualidade: "Na minha vida de criança, sofri muito pelo que sempre percebi como uma distância infinita e intransponível com meu pai. Minha mãe dominava tudo, meu pai parecia fraco, passivo, dependente. Ele nunca tomava decisões, especialmente se tivesse algo a ver comigo. Delegava tudo o que dizia respeito a mim à minha mãe. Além disso, a meus olhos, ele nunca impressionava, não era certamente o pai forte, autoconfiante, orgulhoso de si mesmo, de que eu gostaria, enquanto quase todos os pais dos outros me pareciam assim! Quando criança eu os achava melhores do que o meu, pelo menos tanto quanto minha mãe via os maridos de suas amigas sempre melhores do que o dela... Da parte de minha mãe, com relação ao meu pai, eu assistia a uma contínua crítica, com verdadeiros comentários humilhantes, lamentos, manifestações de desprezo, expressões de uma insatisfação crônica que a acompanhou durante toda a minha infância. O problema é que isso acontecia não só diante dos meus olhos, mas dentro daquela relação muito próxima comigo que minha mãe conseguiu criar: eu era o seu confidente, o seu ombro, a sua força, a sua redenção, o seu orgulho, a sua salvação e, sobretudo, a pessoa sempre disposta a escutá-la, a consolá-la, a acolher suas queixas sobre o meu pai. Sim, porque o problema era precisamente esse, que ela desabafava e se lamentava não de um homem qualquer, mas do homem que deveria ter sido um modelo a que eu deveria aspirar, um exemplo a imitar, um guia a seguir. E o que ainda me dói muito é que, muitas vezes, me vi do lado da minha mãe contra ele... eu, uma criança, ri do meu pai... Mas, por parte do meu pai, havia o vazio quase absoluto, a falta de qualquer reação: não acho que seja desonesto em dizer que ele e eu nunca fizemos nada juntos, realmente nada. Certamente, não conseguiu envolver-me em nada, em nenhuma brincadeira, em nenhum passatempo, em nenhum esporte, em nenhuma atividade física. Entre as minhas memórias, mesmo me esforçando, não encontro nada que me indique um interesse dele em algo de que eu pudesse gostar. Nunca deu atenção às minhas amizades, a possíveis experiências esportivas, a passatempos que pudessem gradualmente fazer parte do meu mundo" (Onofri, 2010).

Um dos primeiros dados a emergir foi que, na maioria dos casos, as experiências desfavoráveis não eram isoladas, mas, quando presentes, tendiam a ser mais de uma. Isso sugeria uma "não independência" das categorias. Afinal, é fácil intuir como, por exemplo, ter um pai alcoólico também aumenta a probabilidade de ser submetido a alguma forma de abuso ou maus-tratos, de assistir a episódios de violência doméstica, de ser negligenciado e assim por diante.

Foi então utilizado um sistema de pontuação simples (chamado de pontuação ACE), no qual cada participante recebia um ponto para cada categoria de experiências desfavoráveis vividas antes dos 18 anos de idade. Inesperadamente, um grandíssimo número de participantes da pesquisa – adultos que haviam recorrido ao Departamento de Medicina Preventiva para um exame médico completo – relataram experiências significativas de abuso ou de disfunção familiar durante a infância.

Usando a pontuação ACE para quantificar as exposições traumáticas da infância, os resultados mostraram que, à medida que a pontuação subia, a probabilidade de usar drogas ou tabaco ou ter problemas com o abuso de álcool também aumentava, assim como a possibilidade de desenvolver transtornos psicopatológicos ou certas doenças físicas relacionadas a comportamentos de risco.

Portanto, as ACEs não só se revelaram inesperadamente comuns, como seus efeitos também foram cumulativos (Felitti e Anda, 2003).

Os resultados do estudo ACE

Já os primeiros dados publicados do estudo, mostraram a correlação entre o escore ACE e muitas das principais causas de morte nos Estados Unidos.

Os principais fatores de risco para essas causas de morte, como o tabagismo, o abuso de álcool, a obesidade, o sedentarismo, o uso de drogas, a promiscuidade sexual e as tentativas de suicídio, foram todos relacionados a ACEs: comparados a pessoas com escore ACE de 0, aqueles com um escore de 4 ou mais eram duas vezes mais propensos a serem fumantes, doze vezes mais propensos a tentar o suicídio, sete vezes mais propensos a serem alcoólatras e dez vezes mais propensos a serem usuários de droga nas ruas.

Quanto maior o escore ACE, maior o número de fatores de risco para as principais causas de morte.

É provável que todas as experiências que temos chamado de ACEs envolvam tanto um alto nível de estresse durante a idade de desenvolvimento quanto uma reduzida capacidade de gerenciá-lo, processá-lo e lidar com ele na idade adulta.

O estresse é conhecido, pelos estudos com animais, por ser associado a uma vasta gama de efeitos sobre a saúde física, incluindo doenças cardiovasculares, hipertensão, hiperlipidemia, asma, anomalias metabólicas, obesidade, infecções e outros transtornos físicos (Van der Kolk et al., 1996a). Também os resultados sobre o aumento do risco de obesidade com o aumento do escore ACE (Felitti et al., 1998a; 1998b) são consistentes com os estudos em animais que mostram que o estresse, agindo através dos efeitos dos glicocorticoides (o cortisol, para ser claro!) nos receptores das células adiposas intra-abdominais, conduz a um aumento da gordura, o que por sua vez aumenta o risco de mortalidade (Anda et al., 2006).

Foi também encontrada uma forte correlação entre as experiências adversas precoces e o abuso de substâncias entorpecentes (narcóticos, álcool e nicotina) mais tarde na vida (Anda et al., 1999; Felitti et al., 1998a; 1998b; Redding, 2007; Dube et al., 2002).

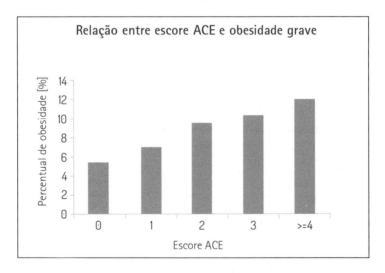

Fumo

Especialmente quando procedem de uma história de traumas infantis, não é incomum que as pessoas procurem conforto em comportamentos que as façam sentir-se melhor, pelo menos temporariamente. O fumo é um deles: "A nicotina tem benefícios psicoativos demonstráveis na regulação do humor" (Carmody, 1989). Portanto, pessoas expostas a eventos infantis podem tirar proveito do uso da nicotina para regular o seu humor. O estudo ACE demonstrou, também, que essas pessoas são menos capazes de parar de fumar, mesmo quando diagnosticadas com uma condição médica séria, tal como câncer, bronquite, cardiopatias, e que esses eventos adversos podem ter um papel importante na manutenção dessa conduta. Foi revelado que cada categoria de ACE aumenta o risco de se tornar fumante. Em comparação com aqueles que não relataram nenhuma ACE, pessoas com 5 ou mais apresentavam maior probabilidade de começar a fumar quando jovens, de fumar sem interrupção, de fumar mais cigarros e de ainda serem fumantes (Anda et al., 1999). Os resultados das relações entre o tabagismo e o número de experiências desfavoráveis na infância são fortes e progressivos (Redding, 2007).

Os estudos em animais demonstram que os primeiros estressores levam ao aumento da atividade em uma área do cérebro, chamada *locus coeruleus*, levando ao aumento da liberação de um neurotransmissor chamado *noradrenalina*, no cérebro. Substâncias como a heroína e o álcool diminuem a atividade do *locus coeruleus*. Coerentemente, o abuso de substâncias entorpecentes corresponderia a uma tentativa de autocura feita por pessoas na esperança de aliviar seus próprios sintomas pós-traumáticos. O estresse também causa a liberação alterada de outro neurotransmissor, a *dopamina*, em outra área do cérebro, o *nucleus accumbens*, que regula o sistema do prazer no sistema nervoso. O tabagismo, de fato, causa a liberação de dopamina nessa área, então novamente a dependência de nicotina serviria como uma tentativa de regular o mau funcionamento desse neurotransmissor em pessoas traumatizadas. Os eventos adversos precoces, de fato, podem alterar o circuito normal da dopamina, provocando um aumento do risco de dependência do tabagismo, com suas concomitantes consequências negativas à saúde. Em resumo, os resultados dos estudos realizados até agora confirmam o quanto o estresse precoce pode estar associado ao abuso de substâncias entorpecentes e ao uso de tabaco na vida adulta (Anda et al., 2006).

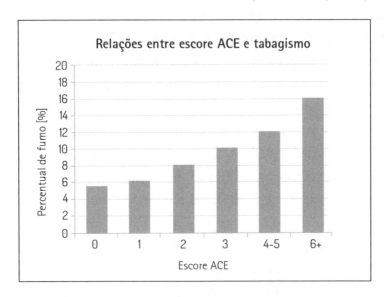

Álcool

Um dos principais achados do estudo ACE foi a correlação com o abuso de álcool na idade adulta. As experiências desfavoráveis na infância aumentariam o risco de alcoolismo, independentemente de eventual alcoolismo presente nos pais, introduzindo, assim, um fator de risco adicional ao já conhecido da eventual vulnerabilidade biológica. Esse dado, combinado com a tendência dos alcoólicos de se casarem com outro alcoólico, criaria um círculo vicioso que colocaria a próxima geração em maior risco tanto para o alcoolismo quanto para as ACEs (Dube et al., 2002). Ter pais alcoólicos aumenta, de fato, o risco de outras ACEs, como o abuso sexual ou os maus-tratos físicos, em comparação a ter pais não alcoólicos (Dube et al., 2001a; 2001b).

Crescer com um pai alcoólico significa ter de suportar o estresse de uma vida familiar disfuncional ou caótica, frequentemente ser testemunha de violência doméstica, às vezes ser vítima de abuso infantil, com um impacto negativo para toda a vida.

Embora a genética pareça desempenhar um papel importante no alcoolismo, os resultados sugerem que também o ambiente desfavorável durante a infância desempenha um papel significativo no desenvolvimento desse distúrbio.

Essa noção é ainda reforçada pela constatação de que o risco de alcoolismo aumenta dramaticamente com o crescimento do escore ACE, quer os pais dos sujeitos tenham ou não histórico de alcoolismo. Não é por acaso que o sofrimento associado à depressão ou à ansiedade possa levar as pessoas ao abuso do álcool. Essa forma de beber também tem sido rotulada como "beber para aguentar" (*drinking to cope*), e é definida como "a tendência de usar álcool para escapar, evitar ou regular as emoções desagradáveis" (Dube et al., 2002).

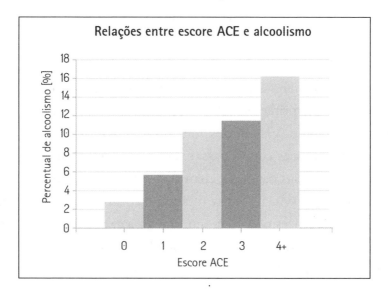

Drogas

O estudo ACE mostrou também uma forte correlação entre os acontecimentos adversos na infância e o abuso de drogas, que parece aumentar o risco de os comportamentos conduzirem a doenças sexualmente transmissíveis, a lesões intencionais ou não, a problemas cardíacos, a violência, a deficiências e atos criminosos. Além disso, o uso de drogas intravenosas aumenta muito o risco de contrair hepatite e HIV.

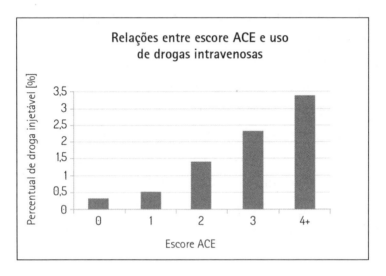

Sexualidade

Outro fato interessante é a relação entre o escore ACE e a sexualidade (idade das primeiras relações, promiscuidade, insatisfação sexual) na vida adulta. Os estudos com animais indicam que os fatores estressantes precoces com o passar do tempo causam alterações em algumas substâncias cerebrais chamadas *peptídeos*, como a *ocitocina*, os quais regulam o vínculo entre o casal e o apego interpessoal. Eventos adversos precoces podem comprometer a capacidade de ter relações interpessoais de longo prazo na idade adulta. A busca contínua, mas sem sucesso, de ligações estáveis, satisfatórias e duradouras, pode levar a relações sexuais com mais parceiros, resultando em promiscuidade e outros problemas relacionados com a sexualidade, como a falta de autoproteção, o aumento de gravidez indesejada, mesmo muito precoce, e, consequentemente, de interrupções da gravidez, bem como o aumento de doenças sexualmente transmissíveis (Felitti e Anda, 2010).

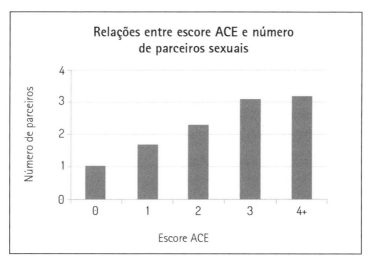

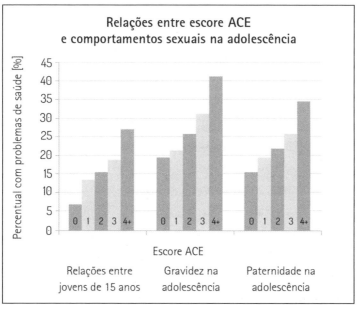

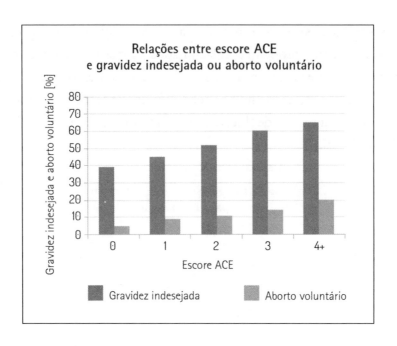

Transtornos psiquiátricos

Os sistemas de neurotransmissão das monoaminas (noradrenalina, dopamina, serotonina) ajudam a coordenar funções neurais complexas. Em animais jovens, a manipulação experimental desses sistemas criou comportamentos semelhantes aos observados em vítimas de abuso, incluindo agressão, problemas alimentares, consumo de álcool, disfunções em resposta ao estresse, hiperatividade, hipoatividade e muitos outros problemas comportamentais. Uma situação semelhante existe nos seres humanos, onde a disfunção monoaminérgica tem sido admitida como hipótese para uma série de transtornos neuropsiquiátricos, incluindo o comportamento agressivo e violento, a tendência à autolesão e ao suicídio, o alcoolismo, o abuso de substâncias entorpecentes e a dependência, a depressão, os transtornos de ansiedade e os problemas sociais/relacionais (Anda et al., 2006). Vários estudos indicam que o funcionamento desses sistemas monoaminérgicos em adultos é influenciado por experiências da infância (Whitfield, 2003).

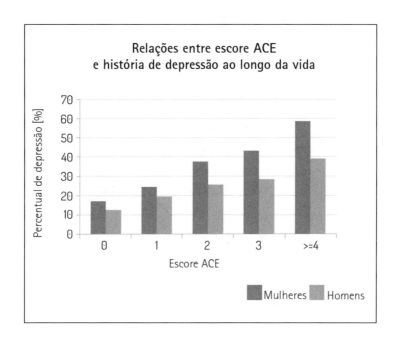

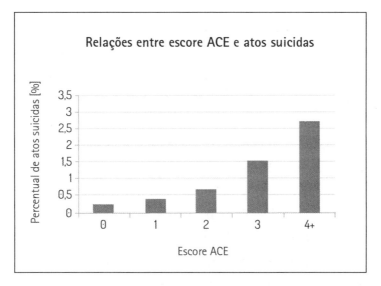

O estudo ACE demonstra, portanto, que experiências desfavoráveis na infância, devido ao estresse precoce que causam, representam um significativo fator de risco para muitas patologias médicas – especialmente, mas não só, para doenças cardíacas, doenças pulmonares crônicas, doenças hepáticas, infecções por HIV e outras doenças sexualmente transmissíveis.

No que diz respeito às perturbações psiquiátricas, os dados que emergiram indicam que a depressão e as tentativas de suicídio estão relacionadas, numa percentagem significativa (mais de 50% dos casos), com as ACEs, bem como com o TEPT, o transtorno de personalidade *borderline*, os transtornos dissociativos e as alucinações (Chapman et al., 2004; Whitfield, 2003; 2005). O mérito desse estudo é ter destacado os fatores de risco de natureza psicológica e emocional também em relação às doenças físicas e psiquiátricas.

Por fim, consideramos oportuno lembrar um dos resultados do estudo: as experiências desfavoráveis infantis estão mesmo relacionadas com graves problemas ocupacionais, conflitos laborais, baixo rendimento e grave pobreza na idade adulta, para apoiar mais uma vez a grande importância do ambiente de desenvolvimento e para confirmar os *insights* de John Bowlby e da teoria do apego.

O estudo ACE é o maior estudo desse gênero já realizado, e os resultados relacionados às experiências adversas na infância, sua frequência e tipo e suas implicações para a saúde física e mental são verdadeiramente inéditos. Esse estudo, além disso, deu origem a um vasto programa de pesquisa internacional que replicou a pesquisa epidemiológica em diferentes contextos culturais, oferecendo resultados substancialmente semelhantes em todos os países do mundo analisados até agora (Bellis et al., 2014a; 2014b), tanto que a própria Organização Mundial da Saúde parece ter reconhecido sua relevância ao incluir em suas recomendações as experiências desfavoráveis infantis como uma área fundamental de prevenção e intervenção da política sanitária (OMS, 2013).

Como veremos melhor no próximo capítulo, a correlação entre as ACEs e as doenças físicas poderia ser, portanto, explicada recorrendo a vários mecanismos: alguns de natureza mais puramente psicológica, agentes no desenvolvimento socioemocional da criança, outros de natureza neurobiológica, através da ação do estresse e dos seus efeitos sobre a maturação cerebral, sobre o aparelho neuroendócrino, imunológico e neurotransmissor. O que liga essas duas diferentes áreas de influência das ACEs poderia ser precisamente a maior frequência de comportamentos de risco, como a conduta abusiva naqueles que buscam, através de diferentes substâncias, compensar e aliviar um sofrimento emocional e uma recorrente desregulamentação emocional.

PARA APROFUNDAR

Ensaios acadêmicos

- *Attacamento traumatico: il retorno alla sicurezza. Il contributo dell'EMDR nei traumi dell'attacamento in età evolutiva*, Anna Rita Verardo, Giovanni Fioriti Editore, 2016.
- *L'impatto del trauma infantile sulla salute e sulla malattia. L'epidemia nascosta*, Ruth A. Lanius, Eric Vermetten, Clare Pain, Giovanni Fioriti Editore, 2012.

Filmes

- *Segredos do coração*, Cristina Comencini, 2005.
- *A regressão*, Alejandro Amenábar, 2015.

Romance

- *Um amor incômodo*, Elena Ferrante, Editora Intrínseca, 2017.

A seguir inserimos o questionário ACE utilizado na pesquisa que acabamos de citar. Se a sua pontuação for alta, isso não significa necessariamente que você sofre de um transtorno em particular ou que vivencie reflexos desagradáveis por causa das suas experiências negativas sofridas. Os dados epidemiológicos de que falamos têm, de fato, um sentido puramente estatístico (é o mesmo que dizer que ser grandes fumantes não implica necessariamente que se vai ficar doente de um câncer grave no pulmão), ou seja, devem ser entendidos – voltamos a repeti-lo – como indicadores probabilísticos de risco, fatores de vulnerabilidade. Mas se a sua pontuação for alta ou muito alta (maior que 4), poderia ser o caso de fazer uma pausa, recolher-se em si mesmo e perguntar-se quais foram os efeitos dessas experiências em sua vida e como elas ainda podem afetar seu estado emocional atual e seu comportamento.

Questionário ACE (Felitti, 2013)

Durante seu crescimento, nos primeiros 18 anos de vida:

1. Seu pai, sua mãe ou outro adulto em casa frequentemente ou muito frequentemente...

   Ofendia, insultava, menosprezava, humilhava você?

   Ou

   Agia de tal forma que o(a) fazia recear ser fisicamente agredido(a)?

   Sim   Não   [Caso sim, marque 1 ___]

2. Seu pai, sua mãe ou outro adulto na sua família frequentemente ou muito frequentemente...

   Empurrava, agarrava, esbofeteava ou jogava algo em você?

   Ou

   Batia tão forte que deixava marcas ou ferimentos?

   Sim   Não   [Caso sim, marque 1 ___]

3. Um adulto ou uma pessoa pelo menos cinco anos mais velha do que você já lhe tocou, acariciou ou quis que você tocasse seu corpo?

Ou

Tentou ter relação oral, vaginal ou anal com você?

Sim   Não   [Caso sim, marque 1 ____]

4. Você já teve alguma vez ou muitas vezes a sensação de que...

Ninguém da sua família o(a) ama ou considera especial ou importante?

Ou

Os membros da sua família não prestam atenção uns nos outros, não se sentam próximos uns dos outros ou não se apoiam mutuamente?

Sim   Não   [Caso sim, marque 1 ____]

5. Alguma vez ou muitas vezes você teve a sensação de que...

Não tinha o suficiente para comer, teve de usar roupa suja, não tinha ninguém que o(a) protegesse?

Ou

Os seus pais estavam demasiado bêbados ou drogados para cuidar de você ou para levar-lhe a um médico quando precisava?

Sim   Não   [Caso sim, marque 1 ____]

6. Os seus pais são separados ou divorciados?

Sim   Não   [Caso sim, marque 1 ____]

7. A sua mãe (ou a sua madrasta)

Frequentemente ou muito frequentemente era empurrada, agarrada, esbofeteada ou atingida por alguma coisa que atiraram nela?

Ou

Às vezes, muitas vezes, com muita frequência, levou chutes, mordidas, foi esmurrada ou golpeada com algo duro?

Ou

Foi repetidamente atingida por pelo menos alguns minutos ou ameaçada com uma arma ou faca?

Sim   Não   [Caso sim, marque 1 ___]

8. Você morou com alguém que tenha tido problemas com álcool, era alcoólatra ou usava drogas?

Sim   Não   [Caso sim, marque 1 ___]

9. Algum membro da sua família esteva deprimido, apresentava problema psiquiátrico ou tentou cometer suicídio?

Sim   Não   [Caso sim, marque 1 ___]

10. Algum membro da sua família esteve na prisão?

Sim   Não   [Caso sim, marque 1 ___]

Agora some as respostas com sim _____
Este é o seu escore ACE.

4

OS EFEITOS DOS TRAUMAS NO CÉREBRO

1. Os efeitos das ACEs no desenvolvimento

O que acontece a uma criança exposta ao que vimos constituírem as ACEs? Qual será a influência delas no seu desenvolvimento cerebral?

Apenas lembrando quais deveriam ser as funções desempenhadas pela figura de apego, as ACEs induzidas por quem deveria cuidar da criança contêm um potencial negativo provavelmente maior do que qualquer outro fator de estresse. Já relatamos dados que indicam que as situações que podemos definir como "traumas relacionais", quanto mais precoces forem, mais serão a base de um desajuste sucessivo da criança e do adulto. Nessas situações, de fato, a relação de apego já não é uma fonte de proteção e segurança para a criança, mas sim uma fonte de alerta e de perigo (Liotti e Farina, 2011). Pensemos em uma mãe estressada, assustada, alarmada, preocupada, sofrendo, que ameaça, que grita ou, igualmente, em um pai hostil, frio, distante, que insulta, humilha, ameaça ou é decididamente violento. Nessas situações, o *caregiver* (com este termo anglo-saxônico entendemos aquele que cuida de alguém), assustado ou zangado, certamente não pode ajudar a criança na regulação das suas respostas ao estresse. Pelo contrário, ele próprio se torna uma fonte de desregulação (Onofri, Onofri e Dadamo, 2016).

A pesquisa confirma que muitas – talvez a maioria – das crianças abusadas, terão problemas que afetarão seu desenvolvimento social, emocional e físico (Putnam, 2003).

Como é que essas experiências precoces produzem tais efeitos? Quais são os elos intermediários da cadeia que levam da experiência negativa ao comportamento de risco e, finalmente, à doença?

Dois processos fundamentais parecem ser negativamente influenciados pelo abuso infantil e pela negligência, bem como pelas ACEs em geral: o *neurodesenvolvimento* (ou seja, o crescimento físico e biológico do cérebro, dos nervos e do sistema endócrino) e o *desenvolvimento psicossocial* (ou seja, a formação da personalidade, que inclui a capacidade de ter relações com outros e de forjar bons laços afetivos, o sentido moral, os valores, as condutas sociais, o respeito pelas instituições etc.).

As ACEs (Experiências infantis desfavoráveis)

- São a base da má adaptação dos adultos
- Afetam o desenvolvimento psicológico
- Afetam o desenvolvimento cerebral
- Afetam o desenvolvimento do sistema imunológico
- Afetam a adaptação social
- Afetam as capacidades de autorregulação emocional

A exposição constante ao estresse, como no geral são o abuso, a negligência, a violência doméstica ou a morte de um membro da família, pode perturbar um cérebro em desenvolvimento e pôr em perigo a capacidade de uma criança de regular as próprias emoções como adulto. De fato, vários estudos mostram que as crianças que vivem em famílias instáveis têm respostas mais intensas quando confrontadas com situações novas e inesperadas, enquanto as crianças de famílias mais saudáveis são capazes de reagir calmamente a situações desconhecidas.

Os traumas parecem alterar o cérebro de uma forma que torna as pessoas mais suscetíveis à ansiedade. Tornam o eixo hipotálamo-pituitária-adrenal hipersensível e podem até mesmo chegar a alterar a própria estrutura do cérebro. Por exemplo, o hipocampo, que trabalha em estreito contato com a amígdala (que é uma espécie de "cabine de controle" do medo), é menor em algumas pessoas com transtorno de estresse pós-traumático e naquelas que sofreram estresse extremo prolongado.

Naturalmente, nem todo mundo que passou por um evento traumático desenvolve um transtorno de ansiedade. É aqui que os genes e a química cerebral do indivíduo entram em jogo. Algumas pessoas seriam genética ou biologicamente mais suscetíveis à ansiedade, mas um evento de vida traumático muitas vezes funciona como ativador de um distúrbio clínico evidente que de outra forma nunca se manifestaria.

Em alguns casos, o trauma ou o estresse não são recentes. Algumas pessoas parecem desenvolver um transtorno de ansiedade "do nada". Mas, quando procuram ajuda psicológica profissional, acabam frequentemente descobrindo indícios que sugerem um transtorno de ansiedade não diagnosticado na infância. Por exemplo, um homem de 30 anos com um transtorno generalizado de ansiedade poderia ter sido uma criança de 5 anos que passou por um período difícil, distante dos seus pais emigrados ao exterior por trabalho (ansiedade da separação).

2. Os efeitos das ACEs
no desenvolvimento psicológico

Como John Bowlby já havia intuído, muitos processos de desenvolvimento psicológico (por exemplo, a regulação das emoções, o controle dos impulsos, a capacidade de construir relações saudáveis com os outros, a consolidação de um estável e positivo sentido de si, a identificação com as normas e os valores sociais partilhados) parecem depender da criação de uma boa relação com a figura de apego durante os primeiros anos de vida da criança.

De fato, nos últimos vinte anos, muitos transtornos do sistema de apego foram associados a alguma forma – mais ou menos surpreendente ou mais ou menos matizada – de maus-tratos infantis, incluindo as dificuldades de o progenitor compreender as necessidades emocionais da criança e de responder de forma apropriada e adequada. Um tipo particular de apego, chamado D (desorganizado/desorientado), apresenta uma característica de dificuldade da criança de pedir ajuda aos pais de forma concisa, adequada e compreensível nos momentos de dificuldade, e está fortemente associado a histórias de maus-tratos e privações graves. O apego de tipo D está associado a alguns resultados particularmente negativos, especialmente violência e agressão (Perry, 2001). Crianças educadas em instituições e orfanatos apresentam uma elevada frequência de apego do tipo D. Em orfanatos romenos, Zeanah e colegas (2005) descobriram que 78% das crianças tinham um apego desorganizado com seus cuidadores em contraste com 22% das crianças em um grupo de comparação de crianças adotadas.

As crianças classificadas como tipos D também apresentaram os piores resultados em várias áreas, incluindo baixo desempenho acadêmico, baixa autoestima, más interações com os colegas de classe, comportamentos bizarros ou incomuns em sala de aula, imaturidade cognitiva e problemas comportamentais (Green e Goldwyn, 2002).

Diversas características do comportamento do cuidador estão associadas ao apego de tipo D. Tanto o comportamento ameaçador e assustador como o impotente e assustado de um cuidador foram capazes de aumentar o apego desorganizado nas crianças pequenas, bem como, de um modo mais geral, os elevados níveis de negatividade, hostilidade e hipercriticismo nos pais.

Além disso, não devemos considerar apenas os efeitos dos ACEs na criança, mas a perpetuação destes através das gerações. Os pais que sofreram um trauma crônico durante a própria infância têm uma boa chance (cuidado, vamos falar de probabilidade e não de algo que sempre acontece e de qualquer maneira!) de ter dificuldades em administrar e regular seus estados emocionais, de lidar bem com o estresse e, portanto, de transmitir as consequências de tudo isso para os próprios filhos. Em outras palavras, teriam mais probabilidades de expressar comportamentos assustadores/assustados e de desorganizar o seu apego, mesmo sem exercer sobre eles nenhum tipo de maus-tratos explícito (Hesse e Main, 2006).

Extrapola a finalidade deste breve tratado aprofundar a relação entre a desregulação emocional do *arousal* (ou seja, da ativação fisiológica em face do estresse) e as várias manifestações psicopatológicas. Basta recordar como esta é um fator presente em muitos transtornos psiquiátricos, desde os de ansiedade e humor aos mais especificamente reconhecidos como relacionados ao trauma e estresse, e até mesmo os transtornos de personalidade.

3. Os efeitos dos ACEs no desenvolvimento neurobiológico

No que diz respeito ao desenvolvimento cerebral, devemos recordar como os trabalhos de Allan Schore (2003) mostraram as influências das primeiras relações precoces no desenvolvimento do chamado "cérebro direito" (a parte do cérebro responsável pelo processamento das emoções e dos vínculos afetivos e que coincide em grande parte com uma área chamada "sistema límbico"), portanto, sobre as capacidades de regulação emocional e sobre a saúde mental infantil. É muito provável que essas influências produzam também efeitos a longo prazo. Assim como é importante para um desenvolvimento físico saudável receber uma nutrição completa e adequada, também é crucial para o desenvolvimento ótimo do cérebro receber interações positivas e respostas emocionais apropriadas.

O crescimento do cérebro humano continua ainda por muito tempo depois do nascimento: o hemisfério direito da criança, de fato, amadurece plenamente apenas durante o desenvolvimento pós-natal até os três anos de idade, sendo que de maneira acelerada durante o primeiro ano de vida. O desenvolvimento do hemisfério direito é particularmente importante para as funções vitais que sustentam a sobrevivência, para a gestão do estresse, para o equilíbrio entre as respostas simpáticas e parassimpáticas, para todos os componentes fisiológicos dos estados emocionais; além disso, intervém na elaboração e na expressão das informações emotivas, bem como na comunicação emotiva espontânea.

Assim, as primeiras experiências interpessoais irão influenciar o cérebro em desenvolvimento, determinando os efeitos duradouros a nível neuronal e neurobiológico, além do afetivo (Perry, 2001; Faretta, 2014). Em outras palavras, os *traumas relacionais precoces* poderiam determinar alterações no funcionamento e depois na estruturação das áreas responsáveis pela regulação das emoções, de várias partes do sistema límbico, das áreas pré-frontais e do eixo hipotálamo-hipófise-adrenal, ou seja, das glândulas que secretam os hormônios do estresse. Do ponto de vista clínico e psicopatológico, uma acentuada *desregulação do arousal* (termo anglo-saxônico que, como já mencionamos, indica a ativação do organismo em resposta a um estresse) é considerada um dos desfechos mais frequentes e evidentes do trauma infantil (Lanius et al., 2010).

E parece legítimo formular a hipótese de que a maioria das ACEs são verdadeiras experiências traumáticas, ou porque são ameaças reais à integridade da pessoa ou porque representam graves e persistentes faltas de sintonia capaz de produzir um alerta crônico na criança, que tem necessidade de se sentir acolhida, compreendida e protegida por uma figura parental calma e tranquilizadora.

Para entender melhor essa hipótese, pode ser particularmente esclarecedor assistir ao curta-metragem (disponível no YouTube) chamado *Still Face*, uma simples situação experimental criada pelo pesquisador Edward Tronick (*Face-to-face Still Face Paradigm*, 1989) no qual vemos uma interação alegre e segura entre uma mãe e um filho de cerca de 6 meses. A mãe é, então, instruída a assumir subitamente um mimetismo "fixo", ausente (como se fosse, por exemplo, uma mãe deprimida, intensamente preocupada ou traumatizada), e a não responder mais aos estímulos provenientes da criança. Em poucos segundos, o vídeo mostra como a criança tenta de várias maneiras gerar alguma reação na mãe, até ficar com raiva, medo e, portanto, desorganizar o próprio comportamento (Tronick, 2007).

Aqui, então, se parece intuitivo como os maus-tratos e o abuso podem criar um estado de alerta, o vídeo de Tronick é uma ajuda valiosa para conceituar até mesmo a *negligência* e a falta de resposta emocional como uma situação que pode produzir desregulação na criança.

Portanto, de várias partes encontramos a confirmação de que o vínculo está intimamente ligado à fisiologia do estresse. De fato, as condições que promovem o apego inseguro – e, portanto, as ACEs em maior medida – estão associadas a dificuldades particulares nas respostas ao estresse.

4. Os efeitos das ACEs no desenvolvimento do sistema imunológico

Os estudos que lidaram com mudanças somáticas derivadas de processos emocionais mostraram a influência que o cérebro também tem sobre o sistema imunológico e os efeitos deste sobre o cérebro (Biondi e Pancheri, 1987), tanto que agora podemos falar de psiconeuroendocrinoimunologia (Bottaccioli e Bottaccioli, 2016). Em particular, as situações de estresse agudo determinariam tais alterações do funcionamento imunológico (Robles et al., 2005), de modo a comprometer seriamente as respostas normais e esperadas dos anticorpos.

O sistema límbico liga o cérebro ao sistema endócrino e imunológico através dos neuropeptídeos, que se encontram na maior parte da amígdala e do hipotálamo, aquelas áreas do cérebro mais responsáveis pela gestão das emoções. No centro do sistema límbico está a glândula pituitária, a estrutura endócrina que modula a atividade de todas as outras glândulas do corpo. É por isso que os eventos estressantes podem alterar o funcionamento de todo o sistema imunológico mesmo a longo prazo: altos níveis no sangue de hormônios do estresse, como cortisol, adrenalina e noradrenalina, podem, de fato, determinar uma resposta imunológica baixa, expondo-se a um maior risco de contrair doenças e infecções virais (Witek et al., 2007).

EFEITOS NEUROBIOLÓGICOS DOS MAUS-TRATOS INFANTIS E RESULTADOS DO ESTUDO ACE		
ÁREA DA FUNÇÃO OU DA DISFUNÇÃO EXAMINADA	DEFEITOS NEUROBIOLOGICAMENTE COMPROVADOS CAUSADOS POR TRAUMA PRECOCE	RESULTADOS ESTUDO ACE
Ansiedade, pânico, humor deprimido, alucinações e abuso de substâncias.	Estresse repetido e trauma infantil: atrofia do hipocampo, da amígdala e do córtex pré-frontal medial; desregulação da ansiedade; problemas de humor.	Reações inexplicáveis de pânico, depressão, ansiedade, alucinações e problemas com álcool e outras drogas.
Fumo, alcoolismo, uso de drogas ilícitas, uso de drogas injetáveis.	Estresse repetido e trauma infantil: aumento da atividade do *locus coeruleus* e da noradrenalina, diminuída pela heroína e pelo álcool.	Aumento do abuso de tabaco, álcool e outras drogas.
Relações sexuais precoces, promiscuidade, insatisfação sexual, violência doméstica.	Estresse repetido e trauma infantil: defeitos da amígdala; papel nos comportamentos sexuais e agressivos; déficit de oxitocina; disfunções no vínculo de casal.	Comportamentos sexuais de risco, descontrole da raiva, risco de agressão contra o parceiro.

Armazenamento e recuperação de memória.	Papel do hipocampo na memorização e na recuperação da memória; redução do hipocampo e da amígdala no trauma infantil; déficit no funcionamento da memória.	O comprometimento da memória infantil e o número dos períodos de idade afetados pela amnésia aumenta com o aumento do escore ACE.
Peso e obesidade.	Estresse repetido e angústia, o aumento dos glicocorticoides leva ao aumento intra-abdominal e outros depósitos de gordura.	Aumento da obesidade.
Sono, sintomas somáticos múltiplos, alto estresse percebido.	O estresse e a ansiedade repetidos levam ao aparecimento de outros problemas físicos.	Aumento dos sintomas e transtornos somáticos, incluindo problemas de sono.
Comorbidades/transtornos do espectro pós-traumáticos.	Disfunções de várias funções e estruturas do cérebro e do sistema nervoso, incluindo sistemas monoaminérgicos.	Relação gradual do escore ACE com sintomas psiquiátricos e físicos ou com outros transtornos, incluindo problemas de comorbidade.

A evidência neurobiológica suporta a hipótese de disfunções a cargo do hipocampo, da amígdala, do córtex pré-frontal medial e de outras estruturas límbicas após abuso precoce, áreas que se acredita mediarem a ansiedade e regularem o humor.

Em um estudo recente, foram encontradas fortes relações entre o escore ACE e os comportamentos sexuais inadequados, incluindo as tendências violentas e a pedofilia (Levenson et al., 2016), o escasso controle da raiva e o risco de cometer violência doméstica.

Em resumo

- As ACEs, durante o desenvolvimento, podem ser um importante fator de risco para o aparecimento de transtornos psicopatológicos, tanto durante o desenvolvimento como na idade adulta
- Esse fator de risco tem as suas raízes não só em aspectos mais puramente psicológicos e cognitivos, mas também em fenômenos neurobiológicos que, por sua vez, favorecem a desregulação emocional
- Uma desregulação emocional desse tipo pode constituir, em algumas situações, um significativo fator de risco – em correlação com alterações neuroendócrinas e neuroimunológicas – pelo aparecimento de patologias físicas

O estudo ACE

- Representa um importante estímulo para superar a distinção artificial entre transtornos psiquiátricos e físicos, o que até agora tem sido um obstáculo para compreender plenamente os muitos problemas que são encontrados entre os sobreviventes das situações traumáticas mais comuns na infância.
- O estudo das ACEs e seus efeitos fornece uma nova contribuição para a medicina psicossomática. Os dados dessa área de investigação parecem, de fato, constituir uma verdadeira "ponte" entre medicina e psicologia, segundo a perspectiva denominada "psiconeuroendocrinoimunologia", que facilitará cada vez mais a compreensão dos muitos elos que compõem a longa cadeia de interações complexas entre ambiente e biologia, na base dos percursos existenciais de cada um rumo à saúde ou à doença. Basta pensar como alguns estudos muito recentes têm demonstrado que as pessoas que mais sofreram traumas durante a própria existência apresentam um encurtamento mais acentuado dos telômeros, a parte final dos cromossomos, que se considera relacionada ao envelhecimento celular (Bersani et al., 2015; Blackburn e Ebel, 2017).

PARA APROFUNDAR

Ensaios acadêmicos

- *Sviluppi traumatici,* Giovanni Liotii e Benedetto Farina, Raffaello Cortina Editore, 2011.
- *Il corpo accusa il colpo,* Bessel Van der Kolk, Raffaelo Cortina Editore, 2015.

Filmes

- *Confissões de uma ladra,* Alfred Hitchcock, 1964.
- *Sobre meninos e lobos,* Clint Eastwood, 2003.

Romances

- *A criança no tempo,* Companhia das Letras, 2018.
- *La prima verità,* Simona Vinci, Einaudi, 2016.

Se o que você leu até agora o ajudou a identificar um episódio, uma experiência ou uma condição que você pode chamar de traumática, vale a pena, neste momento, tentar investigar os eventuais efeitos que ainda podem estar presentes em sua vida, especialmente em sua capacidade de regular as emoções.

É possível que a reflexão pessoal estimulada pela leitura desse texto tenha "reacendido" algumas emoções relacionadas com memórias específicas.

Portanto, reserve algum tempo para adentrar em si mesmo, para voltar a entrar em contato com as suas memórias e com o estado emocional que acompanha essas memórias, e tente medir o grau de emotividade com a ajuda da escala que segue.

Termômetro das emoções

Instruções: nas primeiras quatro colunas, escolha o número (de 1 a 10) que melhor descreve o grau de emotividade que você experimentou durante a última semana, inclusive hoje. Na coluna 5, indique o quanto você acha que o seu sono está perturbado (1 a 10). Na coluna 6, indique o quanto você acha que precisa de ajuda para lidar com estas questões.

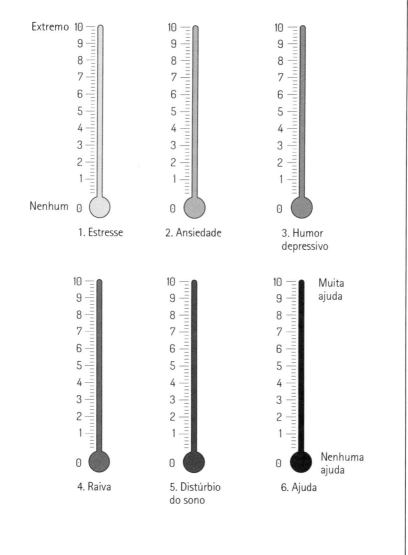

5

O SISTEMA DE DEFESA E AS REAÇÕES DE ALERTA

1. O estresse e os seus efeitos

Todos nós temos uma mesma resposta básica quando confrontados com um perigo: um fluxo de substâncias químicas no corpo amplifica instantaneamente a nossa força e os nossos sentidos, para nos ajudar a entrar em ação. Esse reflexo rápido foi selecionado ao longo da história da evolução para nos garantir melhor chance de sobrevivência. Graças a esse tipo de resposta, na verdade, podemos lutar para reagir a um ataque ou fugir de um incêndio.

No entanto, quando esse tipo de resposta é evocada com demasiada frequência, por exemplo, devido a ameaças frequentes, seus efeitos fisiológicos, que se tornam crônicos, podem criar uma espécie de desgaste no organismo, a ponto de causar danos profundos ao corpo e à saúde física e mental. Na verdade, muitas pesquisas têm ligado o estresse crônico a problemas cardíacos, depressão e ansiedade, doenças respiratórias crônicas menores, pressão alta, asma e diabetes.

Em outras palavras, a chamada reação "luta ou fuga", que pode ser um salva-vidas no caso de uma ameaça física imediata e direta, pode se tornar prejudicial quando o estresse é uma condição crônica e habitual da vida cotidiana.

O estresse é uma presença inelutável na nossa vida e há certamente muitas situações que todos, mais ou menos frequentemente, enfrentam (de um engarrafamento a um exame a ser realizado, de um diagnóstico médico a uma briga feia com o cônjuge) que podem ativar uma resposta física automática a tais circunstâncias. Cada uma dessas situações, de fato, pode ser percebida como uma ameaça potencial, capaz de desencadear uma cascata de hormônios que produzem uma série de alterações físicas.

O psicólogo Walter B. Cannon foi pioneiro em explorar a bioquímica do estresse. Há quase um século, ele demonstrou que o medo não é apenas um evento mental, mas uma resposta física que envolve todo o organismo. Cannon, de fato, ilustrou o papel da adrenalina quando se está assustado: os valores de batimentos cardíacos e o aumento da pressão arterial, bem como o fluxo de sangue para os músculos. Cannon apelidou essa reação como uma resposta luta ou fuga ou "resposta ao estresse".

Desde Cannon, os cientistas aprenderam muito mais sobre a reação do corpo ao estresse e ao envolvimento dos hormônios, do cérebro e daquela parte do sistema nervoso chamada sistema nervoso autônomo, que regula as funções involuntárias do corpo, como a respiração, a pressão arterial e a frequência cardíaca.

A resposta às ameaças começa no cérebro, que recebe e processa as informações enviadas pelo ambiente, seja uma reprimenda do chefe, seja o barulho de uma explosão. Instantaneamente, um sinal do córtex motor do cérebro chega, através das terminações nervosas, aos músculos, que se estiram, prontos para a ação. Outro sinal vem do hipotálamo (uma parte do cérebro localizada acima do tronco cerebral), que transmite a mensagem de alerta à hipófise; esta envia uma mensagem química através do sangue para as glândulas suprarrenais, que começam assim a secretar uma série de hormônios do estresse, incluindo adrenalina, noradrenalina, cortisol. Quando confrontados com uma situação estressante, os três hormônios começam a fluir no sangue, produzindo uma ampla gama de respostas fisiológicas. Simultaneamente, o hipotálamo ativa o sistema nervoso autônomo. Essa rede de nervos transmite a informação, através da coluna vertebral, aos nervos de todo o corpo. Em resposta, as terminações nervosas dos órgãos, dos vasos sanguíneos, da pele e até mesmo das glândulas sudoríparas liberam adrenalina e noradrenalina. No caso de perigo físico imediato, como o aparecimento repentino de um agressor ou de um incêndio, deve-se preparar para a ação. Para isso serve a liberação dos hormônios que acabamos de mencionar.

A respiração acelera porque o corpo consome mais oxigênio para ajudar a preparar os músculos. Ao mesmo tempo, são liberadas no sangue glicose e gorduras dos locais de armazenamento. Os sentidos – como a visão e a audição – tornam o indivíduo mais alerta e atento. O coração bate mais forte – duas ou três vezes mais rápido do que o normal – e a pressão arterial aumenta. Certos vasos sanguíneos contraem-se para levar o fluxo sanguíneo principalmente para os músculos e para o cérebro, e não para a pele ou para outros órgãos (por exemplo, não para os órgãos genitais). As plaquetas tornam-se pegajosas para que os coágulos possam ser formados mais facilmente, a fim de minimizar o sangramento de possíveis lesões. A atividade do sistema imunológico aumenta. Os músculos se esticam, preparando o corpo para a ação.

Em outras palavras, todos os sistemas do corpo que não são necessários para uma emergência imediata são postos em repouso, de modo que a energia se concentre onde é realmente necessária. O estômago e os intestinos cessam as suas atividades. A excitação sexual diminui.

2. Quando a resposta ao estresse não está esgotada

Embora seja verdade que na maior parte do tempo a resposta luta ou fuga, após o perigo, cessa espontaneamente, por vezes os efeitos do estresse podem persistir durante um longo período de tempo, não permitindo que o corpo volte ao seu estado inicial. Essa situação ocorre com bastante frequência no caso de eventos traumáticos.

O sistema nervoso autônomo é dividido em duas partes com efeitos opostos. O sistema simpático (também chamado de ortossimpático) é o que torna o corpo pronto para a ação em resposta aos perigos. O sistema parassimpático, por outro lado, compensa a ativação e acalma o corpo após a passagem do perigo, diminuindo o ritmo cardíaco e reduzindo a pressão arterial. Consequentemente, quando o sistema simpático permanece em estado de ativação por muito tempo, vários danos podem ser causados devido ao estresse crônico, como os descritos nos capítulos anteriores.

Hans Selye foi o psicólogo que demonstrou como também os fatores de estresse da vida diária – por exemplo, um importante e urgente prazo de trabalho ou uma discussão familiar acalorada – podem desencadear a mesma resposta luta ou fuga de uma ameaça à integridade física. Ele distinguiu, portanto, um "estresse positivo", agudo e de curto prazo, que estimula as pessoas a ativarem os próprios recursos pessoais e pode até mesmo se tornar fortalecedor, de um "estresse negativo" (ou angústia), excessivo e duradouro, que no longo prazo desgasta a capacidade de adaptação.

Yerkes e Dodson, a esse respeito, demonstraram o quanto uma carga de estresse não seja necessariamente negativa, o quanto um aumento nos níveis de estresse ou ansiedade até certo ponto pode corresponder a um aumento no desempenho e eficiência. Uma vez atingido esse ponto, porém, mais estresse e ansiedade levam a uma piora do desempenho e das habilidades. Em outras palavras, um

pouco de estresse pode ser bom, mas muito estresse é definitivamente ruim para você.

3. O efeito negativo do estresse crônico

O cérebro nem sempre consegue distinguir os eventos que
realmente ameaçam a vida das situações estressantes presentes na
vida cotidiana. Essa capacidade é significativamente reduzida em
pessoas que experimentaram eventos altamente traumáticos. E, assim, a mesma atividade mental imaginativa e de previsão do futuro
desencadeia as mesmas respostas ao estresse, começando por aper-
tar a mandíbula, esticar o pescoço e os ombros, pela ansiedade. A
arousal não consegue desligar-se completamente, e a resposta ao
estresse é desencadeada muito cedo ou muito frequentemente em
face desses eventos também mínimos que os psicólogos chamam
de *trigger* (gatilhos).

Como já mencionamos no capítulo anterior, respostas mal
adaptadas ao estresse podem levar a problemas de saúde preocu-
pantes. Um primeiro exemplo disso é a alta pressão sanguínea, ou
hipertensão arterial, que é um fator de risco importante para a cir-
culação coronária. Outro exemplo é o mau funcionamento do sistema imunológico, que aumenta a suscetibilidade a gripes e outras
doenças comuns.

4. Traumas e cérebro

Amígdala

A amígdala, uma pequena estrutura profunda do cérebro (veja
figura na p. 95), coordena a resposta ao medo. É parte do sistema
límbico, um grupo complexo de estruturas associadas às emoções,
que ajuda a construir respostas aos estímulos percebidos. Em particular, a amígdala desempenha um papel importante na aprendi-

zagem de não temer situações cada vez mais habituais que talvez tenham desencadeado inicialmente uma resposta de medo. Perante o perigo, dois circuitos cerebrais tornam-se ativos. Um circuito bastante lento envia informações sensoriais sobre o perigo – o que se vê, cheiros, sons etc. – para o córtex cerebral, que representa a parte pensante do cérebro. O córtex cerebral avalia essas informações e constrói um julgamento racional delas, o que ajuda a tomar decisões sobre como lidar com o perigo em questão.

O outro circuito, mais rápido, transmite, ao invés, as mesmas informações sensoriais à amígdala, que envia impulsos ao sistema nervoso autônomo e ativa muito rapidamente a resposta luta ou fuga, com todas as mudanças fisiológicas que ela implica, como vimos até agora. A amígdala memoriza as recordações de medo e as outras experiências emotivas. Em pessoas com transtornos pós-traumáticos, a amígdala – uma espécie de sensor de perigo – pode tornar-se tão sensível que reage exageradamente a situações que não seriam realmente ameaçadoras, como se fosse uma sirene que se ativa com demasiada facilidade. No transtorno de estresse pós-traumático é como se as informações relacionadas ao evento permanecessem "aprisionadas" na amígdala, suscitando continuamente uma resposta de medo.

Hipocampo

Outra estrutura do cérebro no sistema límbico, o hipocampo, desempenha um papel central na elaboração das emoções e na memória de longo prazo. A pesquisa descobriu que o hipocampo é menor do que o normal em algumas mulheres que sofreram violência quando crianças, em algumas pessoas deprimidas, no transtorno de estresse pós-traumático. Em outras palavras, é como se a informação relacionada ao evento traumático fosse tratada continuamente como uma informação atual, ainda presente, e não como algo já acontecido e que pertence ao passado.

Córtex pré-frontal

O córtex pré-frontal está envolvido na tomada de decisões, na resolução de problemas e na expressão de julgamentos. Também parece ajudar a memorizar recordações de medos passados, diminuindo a resposta automática ao estresse e facilitando a extinção de recordações assustadoras. Essa área também parece funcionar de forma reduzida em caso de transtorno de estresse pós-traumático.

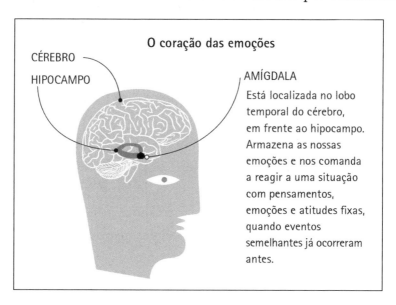

5. Traumas e hormônios

O sistema nervoso autônomo também é responsável pelo funcionamento do eixo hormonal hipotálamo-hipófise-adrenal. O hipotálamo governa a liberação de um hormônio chamado corticotrofina (CRH – *Corticotropin-releasing hormone*), vital para preparar o corpo para lidar com uma ameaça física ou emocional. Esse hormônio segue um percurso até a hipófise, onde estimula a secreção do hormônio adrenocorticotrófico (ACTH – *Adrenocorticotropic hormone*), que acaba na corrente sanguínea. Quando o ACTH atinge as glândulas adrenais, estas liberam cortisol, que induz uma cascata de reações, incluindo uma descarga de energia, aumento da vigilância e prontidão para responder com luta ou fuga. Normalmente, quando o perigo acaba, essas respostas são eliminadas muito rapidamente. Mas, infelizmente, se isso não acontece, os níveis de cortisol tendem a permanecer elevados durante algum tempo, até atingirem uma espécie de exaustão fisiológica, como acontece no transtorno de estresse pós-traumático, que, de fato, está associado a valores de cortisol no sangue mais baixo que o normal.

Traumas infantis podem causar um aumento duradouro de CRH e dos outros hormônios do estresse, e os níveis elevados desses hormônios podem manter o eixo hipotálamo-hipófise-adrenal e o sistema nervoso autônomo em alerta.

Os cientistas teorizam que os hormônios do estresse (como o cortisol) que agem no cérebro durante os períodos de trauma emocional prolongado podem reduzir o nível do fator neurotrófico derivado do cérebro (BDNF – Brain-derived neurotrophic factor), uma proteína que age na regeneração das células nervosas.

A reação ao estresse e a resposta luta ou fuga

- O corpo tem um sistema de resposta rápida ao estresse, que ajuda a estimular a frequência cardíaca, a respiração, a tensão muscular e o nível de energia, quando se enfrenta perigo, para que possa escapar ou lutar.
- Uma parte-chave desse sistema é o eixo hipotálamo-hipófise-adrenal (HPA). Em algumas pessoas com reações pós-traumáticas, esse sistema permanece hiperativo:
1. O hipotálamo secreta o fator liberador do hormônio corticotrofina (CRH), que ativa o organismo;
2. O CRH atinge a hipófise;
3. A hipófise secreta o hormônio adrenocorticotrófico (ACTH);

4. O ACTH circula no sangue e atinge a glândula adrenal;

5. A glândula adrenal secreta cortisol, outro hormônio;

6. O cortisol estimula muitas reações no corpo, incluindo uma descarga de energia e um aumento da vigilância.

Ter menos BDNF impediria a criação de novos neurônios no hipocampo e, portanto, isso seria responsável pela redução de seu volume nos sobreviventes de traumas.

6. A teoria polivagal de Stephen Porges

Porges (2014) descreveu bem como na desregulação traumática do *arousal* há um desequilíbrio crônico entre sistema simpático e sistema parassimpático.

O sistema de defesa é um sistema arcaico, faz parte do que pode ser chamado de "cérebro reptiliano", ou seja, o cérebro mais antigo, segundo o grande neurologista Paul McLean. Isso significa que o sistema de defesa surge praticamente ao mesmo tempo que a vida; até mesmo a ameba diante de um estímulo nociceptivo se retrai. Portanto, diante de um estímulo doloroso, como algo assustador, o ser humano tende a fugir, ou seja, tem uma reação de alerta.

O cérebro monitora constantemente a segurança do ambiente, está particularmente inclinado a perceber no mundo ao redor fatores que indicam perigo, mesmo além de sua vontade. Os estímulos não são todos iguais para o cérebro: se, por exemplo, ouve-se uma pessoa tossindo e ao mesmo tempo outra pessoa grita, o grito tem um impacto maior no cérebro humano. Isso porque o grito indica a possível presença de um perigo para a sobrevivência. O fogo, os ruídos repentinos, as variações na luz, os sons produzidos por alguns animais, os aumentos inesperados na temperatura, mas também a solidão ou a superlotação indicam possíveis perigos. Quando esses estímulos são percebidos, o próprio alarme interno é acionado. Se somos confrontados com um *perigo* que avaliamos automaticamente como *controlável*, o nosso sistema nervoso simpático é particularmente ativado, permitindo-nos responder ao que designamos por luta ou fuga: por exemplo, em face de um incêndio ou terremoto ou de alguém que nos poderia atacar, como vimos, os nossos músculos se esticam, o coração acelera os seus batimentos, a energia é mobilizada através do aumento da pressão arterial e do uso imediato das reservas de açúcar no sangue, a respiração acelera, nos tornamos *supervigilantes*, prontos para agir, para intervir em face do perigo, para lutar contra a agressão ou para nos afastarmos rapidamente. Olhamos rapidamente em volta, avaliamos instintivamente as chances de vencê-lo, identificamos possíveis rotas de fuga. Subjetivamente, nos sentimos tensos, inquietos, encolerizados, prontos para disparar.

Se, pelo contrário, estivermos expostos a uma ameaça da qual não podemos escapar, porque a extensão do perigo é demasiado desproporcional em comparação com as nossas forças e capacidades (por exemplo, quando estamos na presença de alguém muito mais forte e mais poderoso do que nós), ou porque a ameaça é indefinidamente prolongada ou repetida ao longo do tempo, ou mesmo porque não há rotas de fuga possíveis (lembre-se, falamos no início de regimes prisionais cruéis, de experiências extremas como a tortura, mas não devemos esquecer que também todas as ACEs fazem parte desse tipo de situações traumáticas e que também o abuso sexual e a grave negligência são percebidos como uma condição de ameaça esmagadora), então é o nosso sistema nervoso parassimpático que se ativa, principalmente o que Stephen Porges identificou como complexo vagal dorsal. Nessas condições, diminui-se o fluxo sanguíneo para o cérebro e aumenta-se o fornecimento visceral, principalmente do aparelho gastrointestinal (sim, é por isso que se diz: "borrar as calças"). Há uma tendência à imobilização, ao bloqueio das atividades motoras, enfim, a uma espécie de paralisia muscular. Esse estado representa uma resposta defensiva extrema: tendemos a ficar parados, a escondermo-nos, a encolhermo-nos, a não nos deixarmos ser vistos, a diminuir tanto quanto possível a superfície de contato entre nós e o ambiente, para *não perceber nada* (até uma verdadeira anestesia sensorial) e, ao mesmo tempo, podemos nos sentir atordoados, transtornados, incapazes de reagir, mas também emocionalmente distantes, com o sentimento de não compreender e não recordar (como pode acontecer quando confrontados com uma tarefa, um exame percebido subjetivamente como demasiado difícil, ou quando alguém ou algo nos faz viver um sentimento muito intenso de vergonha), até chegarmos a um verdadeiro desmaio ou – especialmente nos animais – à chamada "morte aparente".

Esse tipo de reações é mais provável de ocorrer quando nos deparamos com a visão de sangue (por isso algumas pessoas desmaiam ao tirar amostras de sangue ou em outros procedimentos médicos), quando já estamos sofrendo uma lesão física ou uma penetração sexual (isso explica por que algumas vítimas de estupro parecem não lutar e aceitam passivamente a violência) e não podemos fazer mais nada para escapar (Schauer, Neuner, Elbert, 2011). Obviamente tudo isso tem razões evolutivas precisas, porque fingindo-se de mortos e, portanto, parecendo um cadáver, alguns animais conseguem evitar ser comidos por predadores (muitos deles, de fato, não comem cadáveres!).

Nas pessoas gravemente traumatizadas, especialmente (mas não necessariamente) se isso aconteceu durante a idade de desenvolvimento, tais reações de alerta tendem a se tornar crônicas, por assim dizer, e depois a serem reativadas diante de situações da vida diária mesmo muito distantes do trauma sofrido, mas que – talvez apenas por alguns aspectos mínimos – podem recordá-lo (vamos explorar este tópico no capítulo sete). Ou seja, elas tendem a se tornar as reações usuais que caracterizam a própria pessoa.

Em outras palavras, a teoria polivagal nos recorda de que é como se houvesse um *medo agitado que nos leva à ação e um medo passivo que nos tira a energia e nos leva à imobilidade*.

Mantenhamos esse ponto em mente, porque será muito útil para entendermos melhor o que acontece nas reações pós-traumáticas do ponto de vista dos sintomas.

A teoria polivagal de Porges pressupõe uma separação em duas partes do mesmo sistema parassimpático vagal: a primeira parte é filogeneticamente mais antiga, chamada sistema vago-dorsal, e nasce do núcleo motor dorsal do vago na medula alongada. Já falamos sobre isso.

O outro, o sistema *vago-ventral*, está presente apenas nos mamíferos e, portanto, é muito mais recente no sentido evolutivo: inerva a face, o pescoço, os olhos, a laringe e o coração, modula os estados afetivos e o comportamento social, está envolvido na mímica e na regulação da voz. Diminui a reatividade do sistema simpático e dos sistemas de ação ligados à defesa, luta e fuga; em certo sentido, portanto, podemos dizer que através do contato com o outro (visão/voz/audição), o seu olhar, o seu tom de voz, as suas carícias e os seus abraços, o sistema vago-ventral acalma e regula o sistema simpático. Essas observações nos serão particularmente úteis para compreender melhor o que pode ajudar uma pessoa traumatizada.

Porges define a inervação vago-ventral como um "sistema de engajamento social" (*social engagement system)*.

Esse sistema já está presente no nascimento, mas necessita de maior maturação (mielinização), ou seja, de um ambiente interpessoal favorável; portanto, é concebível que a qualidade dos cuidados precoces do cuidador influencie a qualidade do funcionamento futuro do indivíduo também no âmbito da regulação do sistema nervoso autônomo.

De fato, em crianças muito precocemente maltratadas ou negligenciadas, mesmo depois de anos, há por vezes alterações graves nas funções viscerais (desregulação da *arousal*, da frequência cardíaca e respiratória, alterações nas percepções e processamento dos estímulos, especialmente fome, sono, sede, dor etc.).

Dependendo do nível de ativação do sistema polivagal, podemos compreender e diferenciar o que acontece no interior de situações que vão desde um contexto de segurança a contextos com diferentes níveis de insegurança.

Nas situações de ambiente seguro, portanto, haverá uma prevalência do sistema vago-ventral sobre o sistema simpático e sobre o sistema vago-dorsal. Os sistemas de ação de vinculação, da socialização, do jogo e da exploração serão facilitados (Van der Hart et al., 2006).

Nas situações de ambiente inseguro, o perigo percebido ativa o sistema simpático, facilitando as reações de evitação ativa, nesse momento adaptativo, porque dão a possibilidade de lutar ou fugir mais eficazmente.

Em caso de ativação excessiva, o sistema simpático pode levar a reações desadaptativas no sentido de *hiperarousal* (medo incontrolável, pânico, bloqueio, "congelamento", também chamado, com termo anglo-saxão, *freezing*).

Em situações de ameaça esmagadora, incontrolável e intransponível, as reações de luta ou fuga não são, no entanto, uma opção viável e facilitarão o antigo caminho vagal (sistema vago-dorsal) com as reações de evasão passiva (submissão, *freezing* passivo, aquele entorpecimento que os psiquiatras chamam de *numbing*, dissociação, sentimento de distanciamento da realidade ou de si mesmos, imobilidade e morte aparente).

A hiperativação desadaptativa desse sistema é chamada de *hipoarousal*.

A teoria polivagal de Porges

- Em condições seguras: ativação do sistema vago-ventral (envolvimento social).

- Em condições perigosas: ativação do sistema simpático (medo agitado, reações luta ou fuga).

- Em condições de ameaça grave: ativação do sistema vago-dorsal (medo passivo, imobilização, tontura, amnésia, desmaio).

7. Traumas e estresse na infância

O estresse é uma realidade absolutamente normal mesmo durante a infância. Com a aprendizagem e o estresse normal dos primeiros anos de vida, as crianças melhoram gradualmente a sua capacidade de lidar com novos desafios à medida que crescem.

É somente quando o estresse é incontrolável, muito prolongado ou severo, e a criança não é apoiada emocionalmente, que ele pode então se tornar tóxico.

As respostas ao estresse nas crianças

- Uma *resposta positiva* (estresse leve): uma criança tenta aprender uma nova habilidade e encontra dificuldades, apresenta alguns sinais de estresse, mas, graças também à presença tranquilizadora dos pais, adapta-se gradualmente à situação e melhora o seu desempenho.

- Uma *resposta gerenciável* (estresse moderado): um terremoto deixa uma família inteira desabrigada. As crianças estão assustadas e perturbadas, mas seus pais as consolam, prometendo que ficarão todos juntos, pois são uma família.

- Uma *resposta tóxica* (estresse excessivo): uma criança é repetidamente abusada por seu pai, e não tem outra figura adulta significativa a quem pedir ajuda. Esse tipo de estresse contínuo, repetido,

> intenso, além de não muito compreensível e codificável pela mente de uma criança, pode prejudicar profundamente o seu desenvolvimento, também cerebral, aumentando o risco de que, quando adulto, possa efetivamente desenvolver uma desordem.

8. As reações na mente

Quando a resposta ao estresse é desencadeada por um acontecimento traumático, o organismo leva um tempo mais ou menos longo para recuperar o próprio equilíbrio, para regressar a um estado de calma, para perceber de novo uma relativa segurança. Em outras palavras, é como se por certo tempo o indivíduo continuasse a sentir-se ameaçado, como se o acontecimento ainda estivesse acontecendo, e não como se já tivesse passado. Consequentemente, nessa fase, é como se ainda se estive preparando para enfrentar um perigo que na verdade já ocorreu. Por exemplo, criando hipóteses sobre o porquê e como o evento aconteceu ("Se eu não tivesse pegado a rodovia..."; "Se eu não lhe tivesse dado aquele carro usado..."), como se quisesse prevenir, cancelar, impedir. Ou como se fosse um problema a ser resolvido e não só algo a se tomar nota. É por isso que, nessa fase, se repete com a imaginação, mas também com as histórias verbais, vezes sem conta, o que aconteceu. É precisamente dessa forma, porém, que se inicia o processo de elaboração, que conduzirá, na maioria dos casos, a uma diminuição espontânea do sofrimento agudo e de uma melhor adaptação.

Nesse período, portanto, são particularmente importantes os laços emocionais e sociais, as pessoas a quem você pode falar sobre suas emoções e o que aconteceu, a fim de reativar o sistema de envolvimento social que, através da parte vago-ventral do sistema parassimpático, é capaz de trazer calma e segurança. Para citar a grande escritora dinamarquesa, Karen Blixen, "Toda dor é mais suportável quando podemos contá-la a alguém".

PARA APROFUNDAR

Ensaios acadêmicos

- *Capire e superarei l trauma,* Claudia Herbert e Fabrizio Didonna, Erickson, 2006.
- *Terapia dell'esposizione narrativa. Un trattamento a breve termine per i disturbi da stress traumatico,* Maggie Schauer, Frank Neuner, Thomas Elbert, Giovanni Fioriti Editore, 2014.

Filmes

- *Quando fala o coração,* Alfred Hitchcock, 1945.
- *Marnie – Confissões de uma ladra,* Alfred Hitchcock, 1964.

Romances

- *L'ultima sposa di Palmira,* Giuseppe Lupo, Marsilio, 2011.
- *Nada de novo no front,* Erich Maria Remarque, Editora L&PM, 2004.

Se você vivenciou um evento traumático, uma experiência que o assustou, este teste, que está entre os mais utilizados por pesquisadores e clínicos ao redor do mundo, pode ajudá-lo a identificar e "medir" as suas reações, e possivelmente fazê-lo decidir pedir ajuda a um especialista, principalmente se sua pontuação total for superior a 44.

Escala de impacto do evento – revisada
(*Impact of Event Scale – Revised;* IES-R)
Daniel S. Weiss e Charles R. Marmar, 1996[1]

Nome e Sobrenome: _____

Data: _____

Descreva brevemente o evento traumático:

_____

_____

_____

_____

_____

_____

Instruções: abaixo há uma lista de dificuldades que as pessoas às vezes têm como resultado de eventos estressantes na vida. Por favor, leia cada frase e indique o quanto cada uma das dificuldades em questão o afetou *nos últimos sete dias.*

O quanto dessas dificuldades você sentiu?

0 = Nem um pouco

1 = Um pouco

2 = Moderadamente

3 = Muito

4 = Extremamente

---

[1] Versão da Escala de impacto do evento – Revisada (IES-R) traduzida para a língua portuguesa, em: <http://www.scielo.br/pdf/csp/v28n3/19.pdf>. Acesso em: 30 de maio de 2019.

1. Qualquer lembrança me fazia reviver as emoções sentidas na situação.

2. Eu tive dificuldades com o sono.

3. Outros acontecimentos faziam com que eu ficasse pensando sobre a situação.

4. Eu me sentia irritável e bravo.

5. Eu evitava ficar chateado quando pensava sobre a situação ou era lembrado dela.

6. Eu pensava sobre a situação mesmo quando não tinha intenção de pensar.

7. Eu sentia como se não tivesse passado pela situação ou como se não fosse real.

8. Eu me mantive longe de coisas que pudessem relembrar a situação.

9. Imagens sobre a situação saltavam na minha mente.

10. Eu ficava sobressaltado e facilmente alarmado.

11. Eu tentei não pensar sobre a situação.

12. Eu sabia que ainda tinha muitas emoções ligadas à situação, mas não consegui lidar com elas.

13. Meus sentimentos sobre a situação estavam como que entorpecidos.

14. Eu me peguei agindo ou sentindo como se estivesse de volta à situação.

15. Eu tive problemas para dormir.

16. Eu tive ondas de fortes emoções relativas à situação.

17. Eu tentei eliminar o fato da minha memória.

18. Eu tive problemas de concentração.

19. Lembranças da situação faziam com que eu tivesse reações físicas, como suores, problemas para respirar, náuseas ou taquicardia.

20. Eu tive sonhos sobre a situação.

21. Eu me sentia atento ou na defensiva em relação ao ambiente e às pessoas.

22. Eu tentei não falar sobre a situação.

6

REAÇÕES A TRAUMAS ESPECÍFICOS: O LUTO

Se é verdade que as reações aos traumas são muito semelhantes entre si, independentemente do tipo de evento ocorrido, também é verdade que existem situações particulares em que podemos reconhecer consequências específicas, embora dentro de uma resposta mais geral ao estresse. É o caso, por exemplo, dos chamados "lutos traumáticos", aqueles lutos que mais frequentemente dizem respeito aos filhos, mas também ao cônjuge ou aos pais, que têm um caráter por vezes decididamente violento (homicídios, mortes por agressão, por tiroteios, mas também suicídios) os quais são imprevisíveis ou totalmente repentinos.

1. O luto e a teoria do apego

A teoria etológica do apego de Bowlby (1980) tem contribuído significativamente para a compreensão dos vários fenômenos que surgem após a perda de uma figura de apego. De acordo com essa teoria, a ausência de uma figura de apego ativa um sistema motivacional inato, o sistema motivacional do apego (Liotti, 2001), que leva o indivíduo a procurar a pessoa cuja ausência é percebida e a fazer tudo o que for possível para recuperar a sua proximidade e cuidado. Quando os esforços falham, o indivíduo em luto experimenta uma profunda tristeza e surge um sentimento de desespero. Posteriormente, a pessoa que sofreu a perda reorganiza as suas próprias representações do mundo, retorna às suas atividades habituais, busca e cria novos relacionamentos.

Um indivíduo em luto deve, de fato, reorganizar os próprios *modelos operacionais internos*, de modo a reconhecer a ausência definitiva da figura de apego. É precisamente esse processo de reorganização que é frequentemente chamado de "elaboração do luto". Bowlby, na sua obra *Perda: tristeza e depressão* (3. ed., 2004) distingue quatro fases na dor:

1. A fase do *entorpecimento* ou da *incredulidade*, que geralmente dura de algumas horas a uma semana, e pode ser interrompida por acessos de dor e/ou raiva extremamente intensos.

2. A fase de *busca* e de *anseio* pela figura perdida, que pode durar vários meses, e, às vezes, anos.

3. A fase de *desorganização* e *desespero*.

4. A fase de *reorganização*, mais ou menos bem-sucedida.

As fases 1 e 2

Na primeira fase, de atordoamento e incredulidade – que normalmente dura algumas horas, mas que nos casos de luto complicado pode durar muito tempo –, a pessoa mal consegue compreender o que aconteceu. Trata-se de uma verdadeira reação de alarme.

Segue-se, então, uma fase mais longa com características peculiares.

Com o passar das horas, ou às vezes em alguns dias, a pessoa que perdeu definitivamente uma figura afetivamente significativa começa, de fato, ainda que de forma descontínua, a perceber a realidade da perda; isso provoca espasmos, dores insuportáveis, soluços desesperados e um *estado de alerta* seguido pela busca da pessoa perdida.

O estado de alerta é caracterizado pelas clássicas mudanças das funções corporais que já descrevemos no capítulo anterior dedicado ao estresse:

- aumento da frequência cardíaca e respiratória;
- aumento da tensão muscular;
- aumento da dispersão de calor pelo suor;
- mobilização de energia e conversão do glicogênio em glicose, aumento da glicogênese, aumento da lipólise e da oxidação dos ácidos graxos;
- bloqueio da salivação;
- relaxamento do intestino e da bexiga;
- aumento do tônus muscular dos esfíncteres.

Qualquer situação pouco familiar ou imprevisível tem potencial alarmante, mas certos tipos de situações são particularmente alarmantes. Entre essas, recordamos em especial as que envolvem a ausência de uma rota de fuga ou de um lugar seguro e – nos animais sociais – a ausência de companheiros da própria espécie que normalmente oferecem defesa ou com os quais se compartilham as tarefas relacionadas com a defesa. A isso há que se acrescentar outra categoria de situações capazes de produzir um elevado estado de alerta: a perda de um cachorro.

O *espasmo*, um desejo persistente e intrusivo pela pessoa que partiu, a fixação em pensamentos que só podem causar dor, representa o componente subjetivo e emocional da urgência de procurar a pessoa que não está mais lá. Ao mesmo tempo, o indivíduo separado do ente amado é invadido pela *cólera*, dirigida alternadamente àquele que o abandonou ou a qualquer pessoa que tenha podido contribuir para o acontecimento (incluindo a si próprio).

A pessoa adulta em luto, provavelmente, está bem consciente do fato de que é absolutamente inútil dedicar-se a procurar a pessoa morta, mas isso não a impede de experimentar o que parece ser um forte impulso à busca.

Buscar é uma atividade inquietante, durante a qual nos deslocamos para as diferentes e possíveis localizações de um objeto perdido. A pessoa que se põe a buscar deve escolher os lugares onde procurar, ir, examinar. E também deve escolher o que olhar.

O *comportamento de busca* é caracterizado por:

- alarme, tensão e estado de excitação;
- insônia;
- movimento ininterrupto;
- absorção do pensamento na pessoa falecida;
- aumento da atenção a fim de encorajar a descoberta;
- perda de interesse pelo aspecto pessoal e pelas outras coisas às quais em circunstâncias normais se está atento;
- enfoque de atenção naquelas partes do ambiente em que poderia encontrar-se a pessoa falecida;
- lembrança ativa da pessoa falecida.

Colin Parkes (1972) identificou a presença das seguintes estratégias na fase de busca:

- persistência e intrusão de imagens relacionadas ao falecido (tendência a rememorar todos os momentos vividos com a pessoa desaparecida para manter viva sua imagem e facilitar o reencontro);
- localização constante do falecido (a pessoa em luto dirige a sua atenção para as partes do ambiente mais intimamente relacionadas com o falecido);
- dispersões auditivas e visuais (muitas vezes aqueles que estão de luto têm a sensação de reconhecer a pessoa na multidão ou

de ouvir a sua voz ou perceber a sua presença; dispersões auditivas estão presentes, sobretudo, ao adormecer e ao acordar);

- desejo de se reunirem: a solução mais drástica para o problema do luto é por vezes o suicídio, considerado em alguns casos a única forma de reencontrar a pessoa perdida;
- tentativas de recordar: durante os acessos de dor, a recordação verbal do falecido é frequente, numa vã tentativa de lhe facilitar o regresso.

A fase 3

A terceira fase, que Bowlby chamou de *desespero*, difere da segunda pelo menor grau de atenção e de *arousal*. Em vez do estado de vigilância, caracteriza-se pela aparente desatenção e desinteresse por tudo o que acontece. O estado de agitação é substituído pelo persistente humor deprimido e por uma tristeza generalizada. Essa segunda forma de luto, uma vez considerada e definida como "depressão reativa", difere da depressão, no entanto, pelo fato de que determinado evento, o retorno da pessoa perdida, determinaria novamente um estado de bem-estar.

A fase de desespero deriva da aceitação de que os esforços para recuperar a relação perdida são inúteis e, portanto, da aceitação da perda. Essa fase é caracterizada pela sua difusibilidade. Muito frequentemente, o desespero constitui o estado emocional predominante durante grande parte do primeiro ano de luto e persiste como pano de fundo emocional durante pelo menos os dois ou três anos seguintes (Parkes, Weiss, 1983). Mas mesmo depois de muitos anos de perda, pode permanecer uma espécie de vulnerabilidade à recorrência de um humor depressivo na proximidade do aniversário da morte ou em momentos que teriam sido significativos para o falecido, por exemplo, o aniversário ou as datas que teriam envolvido a obtenção de um diploma escolar para um filho etc. (Rosenblatt, 1993).

A fase 4

Para que o luto tenha um curso favorável, parece essencial que a pessoa que o experimenta suporte o tormento emocional que ele implica. Só se ela conseguir tolerar o sofrimento agudo, a busca mais ou menos consciente do "como" e do "porquê" da própria perda, a raiva contra quem possa parecer responsável (raiva que não poupa nem o falecido), poderá gradualmente admitir e aceitar que essa perda é verdadeiramente definitiva, e que a própria vida deve enfrentar uma reestruturação (Onofri, La Rosa, 2015).

Especialmente os lutos na infância – se as crianças não forem adequadamente acompanhadas do ponto de vista psicológico – podem ter consequências a longo prazo e conduzir a uma sintomatologia cuja origem pode não ser facilmente reconduzível à experiência de perda.

Antônio tinha 6 anos quando viu sua mãe voar para o alto e depois mergulhar no chão, atingida por um carro na rodovia, quando havia descido para que o marido descansasse e ela pegasse o volante.

"Sempre falei disso como uma espécie de acontecimento, que não me dizia diretamente respeito. Afinal de contas, foi uma tragédia tão grande para minha família, que meu pai – profundamente traumatizado – nunca abordou a questão conosco, os filhos. Só agora entendo o quanto esses ataques de pânico que sofro há anos, essas sensações repentinas de alarme que bloqueiam a minha respiração, podem ter a ver com esse fato terrível."

As fases do luto

- Fase de entorpecimento/incredulidade/negação
- Fase de busca e de raiva
- Fase de desespero/depressão/desorganização
- Fase de reorganização

PARA APROFUNDAR

Ensaios acadêmicos

- *Il lutto*, Antonio Onofri e Cecilia La Rosa, Giovanni Fioriti Editore, 2015.
- *Il lutto infantile. La perdita di un genitore nei primi anni di vita*, Alicia F. Lieberman, Nancy C. Compton, Patricia Van Horn, Chandra Ghosh Ippen, Il Mulino, 2007.

Filmes

- *Traídos pelo destino*, Terry George, 2007.
- *Gente como a gente*, Robert Redford, 1980.
- *Manchester à beira-mar*, Kenneth Lonergan, 2016.

Romances

- *Fora do tempo*, David Grossman, Companhia das Letras, 2012.
- *A anatomia de uma dor*, Clive Staples Lewis, Editora Vida, 2006.

O questionário abaixo pode ajudá-lo a identificar as principais reações que podem ocorrer após uma perda grave, como a morte de um ente querido. Se a sua pontuação for superior a 5, considere pedir a ajuda de um especialista.

Questionário Breve sobre Luto (Katherine Shear e Susan Essock University of Pittsburgh, 2002)

1. Quão difícil é para você "reconhecer" a morte da pessoa?
2. O quanto o luto interfere na sua vida?
3. Você tem imagens ou pensamentos que lhe preocupam ou perturbam sobre...

4. Há coisas que você costumava fazer quando ele/ela estava vivo/a e que agora você não tem mais vontade e até evita fazer?

5. A que distância e quão longe você se sente dos outros desde que ele/ela morreu?

0 = para nada

1 = um pouco

2 = muito

Se a sua pontuação total for superior a 5, é possível que você esteja vivendo um *luto complicado*.

7

DAS REAÇÕES AOS SINTOMAS

Ao chegar a este ponto, o leitor deve ter compreendido que viver um evento traumático não significa necessariamente desenvolver sintomas ou apresentar um transtorno clinicamente relevante.

Pelo contrário, a maioria das pessoas (pelo menos cerca de um terço) recupera totalmente seu estado de bem-estar em um período de tempo relativamente curto. Elas são chamadas de "resilientes", usando um termo que vem do mundo da física para indicar a capacidade de alguns materiais de recuperar rapidamente a forma que tinham antes de receber um golpe. Alguns cientistas comparam a resiliência ao estresse a um galho de bambu, que se dobra, mas não se quebra quando torcido. Também essa característica parece ser produto de fatores biológicos, ambientais e emocionais. Alguns dos fatores em jogo são genéticos, outros ambientais, ligados, por exemplo, a um "estilo de vida saudável", outros ainda ligados à personalidade, como a tendência a "ter perspectivas otimistas" ou a capacidade de acalmar-se e regular as próprias emoções sem se deixar subjugar por elas. Ter tido, quando criança, pelo menos "uma figura em que confiar" (para citar de novo John Bowlby) parece ser um fator de proteção decisivo. Mas a pesquisa revela que ter um alto nível de apoio social, mesmo na idade adulta, pode manter afastado o estresse excessivo.

Cerca de um terço das pessoas, aproximadamente, vive uma situação de mal-estar psicológico que não chega necessariamente a ser visto como uma verdadeira desordem de interesse médico. Apenas um terço, então (ou, no máximo, metade, quando o evento traumático é realmente grande) desenvolve uma sintomatologia pós-traumática que tenderá a persistir ao longo do tempo. No primeiro período após um evento traumático, de fato, considera-se normal apresentar um estado de desconforto, ansiedade e inquietação, de preocupação com o que foi vivenciado etc. Só quando tudo isso se torna particularmente intenso e duradouro é que falamos de patologia.

O fator tempo, realmente, parece jogar de alguma forma a favor: à medida que os meses passam, aumenta a probabilidade de muitas pessoas (para aqueles cerca de dois terços dos quais já falamos) de recuperar mais ou menos plenamente o estado de bem-estar de antes do evento. Tudo isso dependerá de uma multiplicidade de *fatores de risco e proteção*, listados no segundo capítulo deste volume.

1. As reações subjetivas a um trauma

Qual é a experiência subjetiva das pessoas imediatamente após terem sido vítimas de um grande acontecimento inesperado e imprevisível?

Depois do primeiro momento, ou seja, aquele caracterizado muitas vezes por uma *reação de alarme* e por um estado de *hiperativação fisiológica*, aparece primeiro um sentimento de *incredulidade* e depois o de estar exposto a algo muito grande, muito difícil, muito doloroso, que subjuga e vai além da capacidade de suportar do indivíduo. "Não é possível", "Não consigo acreditar", "Não está realmente acontecendo", "É demais", "Não vou aguentar", "Não consigo encarar": estes são os pensamentos que mais comumente aparecem na mente da pessoa que acaba de passar por uma experiência traumática.

> *Joana* ainda se lembra da fuga da própria casa na noite do terremoto, do medo de morrer, da rápida descida das escadas do edifício, do fato de ter olhado rapidamente para trás e ver a sua casa desmoronar diante de seus olhos. "Estava tudo lá dentro, toda a minha vida, e num instante tudo virou uma nuvem de pó." As suas palavras descrevem bem o sentimento de irrealidade, de incredulidade. "Não conseguia acreditar. Não podia ser verdade! Era tudo tão absurdo!"

Os dias seguintes são geralmente caracterizados pelas hipóteses cognitivas: a pessoa ainda se sente ameaçada, é como se ainda estivesse se preparando para enfrentar um perigo pensando em como evitá-lo. Daqui decorre, em geral, a revisão contínua do que aconteceu em busca de causas e responsabilidades, como se isso nos fizesse capazes de evitar o que já aconteceu.

> "Era um constante perguntar-me como tinha sido possível, como aquilo pôde acontecer. Por acaso tinha sido culpa dos trabalhos de reestruturação malfeitos? O administrador do condomínio havia cumprido todas as obrigações legais? Era responsabilidade dos geólogos, do prefeito, de Deus? Eu queria saber a todo o custo quem era o culpado, com quem tinha de acertar as contas por ter perdido tudo de repente! Alguém tinha de responder por isso!"

O alarme geralmente permanece alto, ainda por dias! No caso de um evento natural, então, como um terremoto, a pessoa permanece por muito tempo em uma situação de objetiva precariedade e insegurança. É como se o medo ainda estivesse ativo e pronto para mobilizar as reações que chamamos de luta e fuga. Aparecem frequentemente as chamadas "reações de sobressaltos": um ruído, um som repentino... e estamos prontos para fugir de novo!

"Eu tinha a sensação constante de tremores, mesmo quando não estavam mais acontecendo. Andava sempre com as poucas coisas que conservei, elas estavam sempre comigo. Diante da menor sensação, tinha um sobressalto. Era realmente como andar numa corda bamba. Só em raros momentos é que eu realmente entendia que já tinha perdido tudo, e, então, começava a chorar descontroladamente."

Sentir-se esmagado frequentemente leva a uma sensação de perda de controle sobre as próprias reações e a própria mente, até mesmo ao medo de enlouquecer.

"Já não me reconhecia mais. Eu, sempre tão racional, calma, forte, não conseguia mais ter controle sobre as minhas reações. Por que sempre tinha diante dos olhos aquela cena? Por que sempre pensava no que tinha perdido, em vez de me preocupar com os outros, com os mortos, com os feridos? Tinha lido sobre pessoas que perderam a cabeça quando confrontadas com fatos semelhantes, e eu pensava com horror que talvez a mesma coisa estivesse acontecendo comigo!"

Pouco a pouco, todas essas reações – que devem ser consideradas absolutamente normais após eventos de tal magnitude – tendem a regredir. A mente percebe que o perigo não existe mais. Estamos vivos, é preciso arregaçar as mangas e enfrentar da melhor maneira possível as consequências do que aconteceu. Para que isso seja possível, no entanto, é necessário sentirmo-nos seguros novamente. Eis que, então, se torna decisivo o apoio que podemos receber dos outros, especialmente daqueles que são mais capazes de reativar a parte vago-ventral do sistema parassimpático, acalmando-nos e tranquilizando-nos com a sua presença e proximidade.

"Felizmente, havia os meus tios. Depois de alguns dias eu estava na capital, na casa deles, em segurança, em um lindo quarto que tinham preparado especialmente para mim. Não sei como faria sem eles. Percebi realmente o quão importante foi aquela sopa quente, preparada pela minha tia na minha chegada, foi quase o presente mais bonito que eu poderia receber! Olhava à minha volta e dizia a mim mesma: 'Já passou. Aconteceu, mas já passou. Agora estou a salvo!'."

2. E quando não passa?

Infelizmente, nem sempre é esse o caso. As reações que acabamos de descrever por vezes não diminuem, na verdade, em alguns casos tendem até mesmo a aumentar. Obviamente, é mais provável que tudo isso aconteça com aqueles que apresentaram reações mais intensas desde o início, com aqueles que desde os primeiros dias pareceram mais profundamente "desconectados da realidade" e, sobretudo, com aqueles que desde os primeiros momentos sofreram de transtornos do sono. O sono, de fato, parece ter uma importância decisiva, especialmente do ponto de vista neurobiológico, na recuperação daquela sensação de segurança essencial para o restabelecimento do bem-estar psicológico. Como sempre disse a sabedoria popular, quando algo nos perturba é bom "dormir sobre o problema". Geralmente, um mês é considerado convencionalmente como sendo o tempo além do qual as reações devem passar a ser encaradas como complicadas e patológicas.

O organismo permanece em um estado defensivo, tanto do lado – como veremos – da hiperativação e do alarme como do lado da hipoativação, do apagamento, que se torna crônica. Onno Van der Hart, R. S. Ellert Nijenhuis e Kathy Steele (2006), entre os maiores estudiosos dos transtornos pós-traumáticos, falaram de dissociação estrutural: é como se a pessoa que foi vítima de um trauma se encontrasse dividida em duas, de um lado continua a confrontar-se repetidamente com o que aconteceu (e esta é a base da intrusão, que iremos descrever brevemente), de outro lado, gostaria de não pensar nisso, escapar à memória, mantê-la afastada (e esta é a base da fuga, que iremos discutir adiante).

Lembram-se de *Érika*, a jovem de 23 anos mencionada no primeiro capítulo, que foi estuprada quando voltava para casa à noite? Eis as suas palavras:

"Desde esse dia sou uma morta-viva, um zumbi. Continuo a frequentar a universidade, saio com os amigos, almoço com eles na cafetaria, vou ao cinema. Aparentemente estou lá, mas é só uma aparência. A imagem daquele momento no meu cérebro. Sinto-me dividida em duas. Não quero mais pensar no que aconteceu, mas penso nisso o tempo todo."

Assim, as reações se alternam: momentos de hiperativação, taquicardia, tensão muscular, tontura, sensação de embriaguez e distância de tudo e de todos.

É como se o tempo como é comumente entendido não fosse mais percebido da maneira habitual: o passado já não é passado, mas está continuamente presente na mente, o presente só é sentido remotamente e de forma abafada, o futuro não pode sequer ser imaginado.

Vamos agora ver, em mais detalhes, o que acontece. Para fazer isso, nos referimos aos sintomas requeridos pelo DSM-5 para o diagnóstico de transtorno de estresse pós-traumático.

3. O que acontece na mente

Presença de sintomas intrusivos: ser forçados a lembrar

Um conteúdo mental é definido como *intrusivo* quando é algo que penetra, que involuntária e repetidamente entra no fluxo da consciência. Por exemplo, ficar pensando em memórias relacionadas ao evento, mesmo quando não se deseja. Não se trata, portanto, de *poder* ou *querer* recordar algo, mas de *ser obrigado* a fazê-lo, porque a memória de uma cena, de uma imagem, de um som, de um cheiro ou de uma voz chega de forma indesejada e, de algum modo, interrompe ou descontinua o fluxo de consciência. Pode ser definida, portanto, como uma *compulsão à memória*.

> **Presença de um ou mais dos seguintes sintomas intrusivos associados ao(s) evento(s) traumático(s), que começam após o(s) evento(s) traumático(s):**
>
> 1. Memórias desagradáveis recorrentes, involuntárias e intrusivas do(s) evento(s) traumático(s)
> 2. Pesadelos recorrentes, em que o conteúdo e/ou as emoções do sonho estão relacionados ao(s) evento(s) traumático(s)

Vamos ler sobre *Ivan*, o motorista do ônibus que foi assaltado enquanto dirigia o veículo, que encontramos no primeiro capítulo.

"Desde aquele dia só consigo pensar naquele momento. As imagens me vêm à mente nos momentos mais inesperados. E, de fato, eu não queria. A faca nas mãos daquele rapaz. A cara zangada dele. As minhas reações. Tudo fica indo e vindo na minha cabeça sem parar um momento, sem me dar a possibilidade de fazer nada. Até mesmo quando tento fazer amor com a minha mulher, tenho de parar, porque no meu cérebro só essa cena continua a rodar..."

Presença de sintomas intrusivos: os sonhos ruins

A intrusão pode também se manifestar sob a forma de sonhos ou de pesadelos, em que o conteúdo ou as emoções oníricas estão ligados ao evento traumático.

É novamente *Ivan* quem conta:

"É inevitável: todas as noites, todas as noites eu tenho aquele sonho. Acordo gritando de terror e de raiva. Várias vezes me vi colocando as mãos ao redor do pescoço da minha mulher, que, assustada, agora está dormindo em outro quarto."

Presença de sintomas intrusivos: parece que ainda está acontecendo...

Na assim chamada "dissociação pós-traumática", a pessoa experimenta uma desconexão do ambiente circundante ou de si mesma: outro dos sintomas que podem aparecer são os chamados *flashbacks*. O sujeito sente ou age como se o evento traumático estivesse ocorrendo naquele momento, ou seja, como se estivesse realmente acontecendo de novo. Os *flashbacks* são mais raros do que as memórias intrusivas ou os sonhos desagradáveis, mas são ainda mais presentes quando os traumas foram extremos ou do tipo complexo. Os estresses extremos estão, de fato, mais relacionados com a presença de *flashbacks*, durante os quais assistimos a uma perda de consciência do ambiente ao redor.

> "Depois da tragédia do desabamento do edifício, muitas vezes desci as escadas e fui para a rua, convencido de estar sentindo cheiro de gás, como se aquela tragédia estivesse acontecendo novamente..."

Sentir-se sempre em perigo

O contínuo acesso ao material mnemônico traumático carrega uma sensação quase constante de vulnerabilidade e de perigo.

> "Sinto-me sempre de guarda", nos conta Rosana, a senhora atingida por um raio, "quando dirijo ou quando ando, quer esteja no cinema ou num restaurante..."

Alterações negativas nas emoções associadas ao evento traumático: sentir-se atordoado

De um lado, a tentativa contínua de evitar, de afastar o material mnemônico traumático da própria atividade mental, de outro, a sensação recorrente de uma permanente ameaça inevitável gera muitas vezes uma *sensação de tontura, de atordoamento, de desprendimento da realidade*, como bem evidenciado pelas palavras que se seguem (são de Tiago, que já conhecemos no primeiro capítulo):

"Depois daquele fato, depois de encontrar minha namorada morta em casa daquele jeito, tudo me parecia irreal. Às vezes, até parecia que eu não me lembrava de como aconteceu e se realmente acontecera. Continuava a frequentar as aulas sem conseguir acompanhar as matérias, sem ter mais capacidade de me concentrar. Estudava e não me lembrava de nada... Os amigos, para me chamar a atenção, me diziam sempre: '"Olá, tem alguém aí?"', porque percebiam a minha ausência, a minha distância..."

Abeb acabou de chegar da Somália. Atravessou o deserto e depois o mar, zarpando da Líbia com um barco. Fala de experiências de aprisionamento, de tortura, de ter testemunhado o assassinato de muitos militantes de seu posicionamento político. O seu relato, no entanto, perante a comissão que tem de decidir se defere o seu pedido, é fragmentado, confuso, contraditório. As datas não coincidem com as disponíveis na web, demasiadas amnésias, incertezas. Por conseguinte, o asilo é recusado.

Alterações negativas de pensamentos e emoções associadas ao(s) evento(s) traumático(s), iniciadas ou agravadas após o(s) evento(s) traumático(s):

1. Incapacidade de lembrar qualquer aspecto importante do evento (devido à amnésia dissociativa e não a trauma craniano)
2. Persistentes e exageradas convicções ou expectativas negativas sobre si mesmo, os outros, o mundo (por exemplo: "Sou mau", "Não se pode confiar em ninguém" etc.)
3. Pensamentos distorcidos persistentes sobre a causa ou consequência do evento que levam o indivíduo a culpar a si mesmo ou aos outros
4. Estado mental negativo persistente (medo, ira, horror, culpa e vergonha)
5. Redução considerável no interesse ou na participação em atividades significativas
6. Sentimentos de desapego ou estranheza para com os outros
7. Persistente incapacidade de experimentar emoções positivas (por exemplo, felicidade e satisfação, ou amor)

Mesmo no que diz respeito ao abuso infantil, costuma ser muito difícil reconstruir a forma como os acontecimentos realmente aconteceram. A menos que haja testemunhas ou documentos disponíveis que atestem o que aconteceu, a própria natureza da memória pós-traumática e da dissociação frequente, nesses casos, torna difícil qualquer certeza sobre o que aconteceu.

> *Ana* acabou de fazer 30 anos. Nos últimos meses – imediatamente após a morte do avô – surgiu um estranho mal-estar, uma inquietação que ela não consegue decifrar. Sonhos estranhos a perturbam: fragmentos de cenas que não consegue decifrar, algo que parece uma recordação, algo que diz respeito a seu avô. Ana está cada vez mais ansiosa e, por isso, vai procurar a ajuda de um terapeuta. Como lidar com o que parecem ser memórias, mas que não tem certeza de que sejam?

É um tema muito delicado, que requer uma adequada preparação do especialista que cuida da pessoa que vive essa situação. Não deve, de fato, tomar como certo nem que o abuso realmente aconteceu nem que não aconteceu, mas sim trabalhar naquelas representações mentais que, em todo caso, são indicativas de uma relação que foi obviamente difícil, conflituosa, dramática.

Alterações negativas de pensamentos associados ao evento traumático: convicções sobre si mesmo e sentimentos de culpa ou de vergonha

Outra alteração é representada pelas *convicções negativas exageradas e persistentes sobre si mesmo*, bem como por ter *expectativas negativas* sobre si mesmos, os outros e o mundo.

Muito comum, após um desastre coletivo ou uma tragédia, é ter pensamentos de culpa sobre si mesmo, como se não se reconhecesse plenamente o direito de estar entre os poucos sobreviventes de um acidente familiar ou de massa. Nesse caso, os psicólogos falam de *culpa do sobrevivente*.

Se é verdade que todo trauma autêntico gera uma convicção disfuncional, uma visão alterada, esta será ainda mais profunda e distorcida quanto mais o trauma foi prolongado e se o evento ocorreu na fase do desenvolvimento, por ação de figuras significativas para a criança. Nesse caso, fala-se de *convicções nucleares*, isto é, de algo que tem a ver com aqueles esquemas pessoais profundos e enraizados que sustentam as próprias atitudes, os próprios comportamentos, a própria personalidade.

Muitas vezes, essas convicções profundas só surgem através do trabalho de introspecção, como o que acontece durante a psicoterapia; alguns exemplos podem ser: "Não mereço nada", "Estou sujo", "Sou uma pessoa má", "Não posso confiar em ninguém", "Não presto", "Não estou bem", "Sou incapaz", e assim por diante.

Outra alteração consiste nos *pensamentos distorcidos persistentes*, relacionados com a causa ou a consequência do evento. Um exemplo típico é a contínua repetição pelo paciente de frases do tipo: "Não me revoltei o suficiente, então é culpa minha", "Eu procurei isso", "Eu mereço o que está acontecendo", "Sou eu que atraio coisas negativas" e assim por diante. Em outras palavras, estas são atribuições de responsabilidade irracionais e não realistas.

As pessoas que foram altamente traumatizadas durante a infância também podem perder a sua capacidade de autoproteção, de prestar a devida atenção aos sinais de perigo e podem, portanto, encontrar-se mais facilmente expostas a novos perigos, bem como não ter mais aqueles limites pessoais sólidos, adequados, que geralmente regem as nossas interações com os outros. Por essa razão, os psicólogos falam nesses casos de uma tendência à *retraumatização*, porque o trauma altera profundamente os sistemas de alarme, os indicadores de perigo (é como se já não fossem ouvidos, precisamente porque estão sempre ativos), fazendo com que o paciente não perceba os sinais do ambiente exterior e possa ser novamente vítima de traumas.

Lorenzo é um jovem de 30 anos que solicita psicoterapia para uma sintomatologia obsessivo-compulsiva: ideias e imagens intrusivas com conteúdo principalmente sexual, acompanhadas de contínuos medos de prejudicar os outros, que chegam a fazê-lo temer "ter sido o monstro de Florença,[1] que tenha agido em estado de inconsciência e já não me lembre disso".

Durante a psicoterapia, surgem lembranças que têm a ver com maus--tratos do pai, contínuas depreciações e humilhações, constante menosprezo. "É como se, para mim, tudo tivesse adquirido, desde então, um sabor de competição, cada amizade, cada relacionamento, cada sentimento. Sinto-me sempre uma vítima de todos, sempre à beira de um colapso. E isso me faz viver uma vida sufocada, separada dos demais. Outras vezes sou arrogante, divertido a todo custo, um Dom Juan, mas é como se agora eu visse a linha que liga todas essas minhas atitudes: é o pensamento de que sou uma porcaria, completamente inútil. Agora vejo muito claramente."

Francisca pede um tratamento porque se queixa de persistentes "momentos de vazio e de raiva que ocorrem quando não recebo aprovação dos outros, da qual tenho necessidade absoluta". Recorda o clima de negligência afetiva em que cresceu. Nunca se sentiu como desejável para ninguém. Na psicoterapia, ela contará sobre uma experiência repetida vivida na infância de abuso sexual de um tio e que ela conecta com as suas próprias dificuldades atuais, de natureza também sexuais. Francisca recorda as exatas palavras pronunciadas pelo seu tio: "Faça isso por mim", "Se me ama, tem que suportar esta dor". Ela diz: "Como naquela época, me sinto muitas vezes confusa, tenho sempre essa sensação na cabeça. Acho que não valho nada e não tenho escolha". "As coisas me acontecem porque não valho nada." Logo, o tema da culpa também irá emergir: "Aconteceu por minha culpa, porque fui complacente. Podia ter dito logo à minha mãe". Ela também vai conseguir expressar o tema de sua participação no abuso. Talvez ela também gostasse das carícias do tio. O terapeuta terá que se dedicar a explicar como também aquelas

---

[1] Apelido dado pela mídia italiana ao autor de uma série de assassinatos cometidos na região de Florença entre 1968 e 1985.

carícias que não devem ser feitas a uma criança podem ser agradáveis, porque há respostas corporais que são fisiológicas, e ter sentido prazer não significa que tenha sido culpa dela.

4. O que acontece no corpo

Alterações marcantes do *arousal* da reatividade associadas ao evento traumático

Um dos sintomas mais importantes a ser reconhecido é a persistente *hiper-reatividade fisiológica.*

No quinto capítulo vimos como uma das reações ao trauma é o desequilíbrio dos antigos sistemas de defesa com os quais nosso organismo está dotado.

O corpo permanece pronto para a luta ou fuga, como se estivesse diante de uma ameaça contínua.

Típico dessa situação pode ser uma frequente e imediata *reação de sobressalto* diante de estímulos que talvez só em pequena escala possam lembrar o evento ocorrido e que, como vimos, são chamados de *gatilhos* pelos psicólogos. A pessoa traumatizada se assusta por qualquer coisa, a sua reação de medo é imediata e absolutamente fácil. Basta um som de sirene, um grito, uma porta batendo, o som de uma tempestade e o medo aparece imediatamente.

Juntamente com o medo e a insônia, encontramos frequentemente comportamentos irritáveis e explosões de raiva, até agressão verbal aos outros ou, em casos mais raros, agressões físicas.

> **Mudanças marcantes do *arousal* da reatividade associadas ao evento traumático, iniciadas ou agravadas após o evento, como evidenciado por dois ou mais dos seguintes critérios**
>
> 1. Comportamento irritável e explosões de raiva (agressão verbal ou física contra pessoas ou objetos)

2. Comportamento imprudente ou autodestrutivo

3. Hipervigilância

4. Respostas exageradas de alarme

5. Problemas de concentração

6. Dificuldades relacionadas com o sono

Ivan tentou voltar ao trabalho alguns dias depois do que aconteceu. Discutiu imediatamente com os seus colegas e respondeu muito mal a um passageiro que lhe pediu informações. Sentia-se cansado e sonolento. Afinal de contas, não tinha fechado os olhos durante a noite. Evitou um acidente por um triz. Parecia-lhe impossível dirigir. Impossível manter-se concentrado no volante. O médico emitiu um novo atestado e a empresa concedeu-lhe outro período de licença. "Era como se estivesse sempre pronto para fugir ou reagir contra alguém. O coração não parava de bater com força no meu peito. Quase conseguia ouvi-lo. Estava constantemente observando o que acontecia dentro do veículo", dirá no dia seguinte à tentativa de voltar ao trabalho. "Bastou que dois passageiros começassem um bate-boca para me fazer parar o ônibus e abrir as portas..."

5. O que acontece com os comportamentos

Presença de evitamento

O evitamento é a acentuada tendência a evitar tudo o que se refere ao episódio traumático.

Pode-se querer evitar o contato com certas pessoas, principalmente porque se relacionam com o que aconteceu ou simplesmente porque continuam perguntando como se sente depois do que aconteceu, ou pode-se querer evitar certos lugares relacionados ao fato, talvez a rua onde ocorreu o acidente, ou o prédio (os bancos, a escola, o hospital etc.).

Certos estímulos sensoriais reminiscentes do evento traumático também podem ser ativamente evitados, como a visão de sangue, cheiros particulares, sons que continuamente trazem o passado de volta etc. Mas o evitamento também pode dizer respeito às próprias recordações desagradáveis, aos próprios pensamentos ou aos sentimentos estreitamente associados com o evento traumático.

Evitamento persistente dos estímulos associados ao(s) evento(s) traumático(s), iniciado após esse(s) evento(s), evidenciado por um dos ou pelos dois seguintes critérios:

1. Evitamento ou tentativas de evitar recordações desagradáveis, pensamentos ou sentimentos relacionados ou intimamente associados ao(s) evento(s) traumático(s)

2. Evitamento ou tentativas de evitar fatores externos (pessoas, lugares, conversas, atividades, objetos, situações) que gerem recordações desagradáveis, pensamentos ou sentimentos relacionados ou intimamente associados ao(s) evento(s) traumático(s)

Erika nunca mais passou por aquela rua. Se precisar, ela dá a volta no prédio, mas nunca mais volta para casa atravessando a rua onde a violência ocorreu. A qualquer hora do dia. Nunca mais.

Júlia vai a um psicoterapeuta pela primeira vez na vida. No final do encontro, ela enfrenta o tema da visão de si mesma. Irrompe em lágrimas de repente. "É a primeira vez que conto isto a alguém. Aquele aborto ainda está dentro de mim. Passaram-se 17 anos, eu tinha 20 anos na época... decidi nunca mais pensar nisso e consegui. Mas a que preço? Ainda estou cheia de remorsos, arrependimentos e culpa. Só agora parece que estou entendendo: é por isso que ainda estou sozinha, com afetos precários e sem filhos, na minha idade. Quem me dera ter um... mas, no fim de contas, acho que já não mereço."

As medidas de segurança

Para recuperar o sentimento de controle sobre o ambiente e a realidade circundantes, a pessoa traumatizada parece ser guiada pela constante consciência da própria vulnerabilidade, como se estivesse se movendo em um mundo que se tornou um lugar perigoso e completamente imprevisível.

> "Nunca baixo a guarda. Vou ao cinema e me sento atrás. Nunca se sabe, sempre pode acontecer um incêndio. Nunca dirijo a mais de 30 km por hora. No restaurante, antes de mais nada verifico a saída de emergência. Sempre penso no pior e tento me prevenir... Não pego avião, evito multidão, corro para o médico ao sentir qualquer coisa diferente."

O empobrecimento comportamental

A tristeza e os sintomas depressivos também aparecem frequentemente após um evento traumático. Uma sensação de inutilidade pode generalizar-se, e a pessoa começa a restringir o número de atividades. Fora do trabalho, e, portanto, das coisas feitas apenas por dever, a pessoa renuncia a convites, contatos sociais, seus próprios projetos e, sobretudo, progressivamente, a tudo aquilo que antes do trauma a divertia, a apaixonava e lhe dava prazer. O futuro já não parece reservar nada de positivo.

> "Antes do acidente, minha mulher e eu íamos sempre dançar aos domingos. Era uma atividade de que ambos gostávamos, nos mantinha unidos, nos divertia e nos fazia encontrar os amigos. Agora, me pergunto, para quê? Parece algo estúpido e inútil. E assim acabo passando o domingo inteiro na cama, sem dormir, sem ler, sem nem assistir à TV. Mal me levanto para comer. Talvez só para não preocupar muito a minha mulher."

Tratar os outros como se fossem todos iguais

A mente humana está sempre empenhada em prever a realidade, em formar esquemas e representações do mundo, ou seja, em criar *mapas mentais*. Infelizmente, essa tendência natural é acompanhada de um impulso para a *generalização*, especialmente quando os primeiros vínculos foram traumáticos, nos casos em que se tenha sido vítima de abusos e maus-tratos ou de uma mais negligência genérica e irresponsividade.

> *Lorenzo*, o jovem de 30 anos que já conhecemos, espera continuamente ser prevaricado. "Sempre achei que não podia confiar em ninguém, como se todos estivessem sempre dispostos a me humilhar e rebaixar", são as suas palavras. "Afinal, essa foi a experiência que tive com o meu pai e, desde então, é como se eu sempre esperasse algo semelhante dos outros. É por isso que sempre estou pronto para atacar primeiro", ele dirá durante o trabalho psicoterapêutico.
>
> *Francisca*, que também já conhecemos anteriormente, sempre manteve distância dos homens. Depois de conhecê-los um pouco, sempre encontrava neles algo que os assemelhava muito a seu tio, aquele que abusou da sua confiança de criança. Ou uma palavra, ou o tom da voz, o uso de alguma expressão, por vezes a cor de uma gravata, havia sempre um detalhe que a lembrava do seu tio e que a fazia distanciar-se rapidamente.
>
> *Ester*, abusada durante anos pelo avô quando era criança, diz: "Sempre tenho medo, em cada momento da minha vida! Tenho medo dos outros e da sua proximidade física. Basta alguém vir falar comigo e para pedir informações que sinto o pânico crescer por dentro. Gostaria de estar em um mundo sem ninguém, sem contatos, quem sabe talvez assim eu me sentisse um pouco mais segura".

Os transtornos de personalidade e de caráter, caracterizados por uma marcada dificuldade nas relações interpessoais e por comportamentos relacionais inadequados ou, às vezes, por uma acentuada perda da capacidade de sentir empatia e compreensão para com os outros, muitas vezes reconhecem – entre os vários fatores considerados importantes pelo seu aparecimento – condições prolongadas de desenvolvimento traumáticos ou inadequados, que vão da grave negligência emocional a excessivas pressões psicológicas dos pais sobre a criança para atingir determinados objetivos ou desempenho com expectativas irrealistas.

Giancarlo Dimaggio, em seu livro *L'ilusione del narcisista* [A ilusão do narcisista] (2016), oferece numerosos exemplos de situações desse tipo:

> Um especialista em informática tinha um sentimento perene de não ser reconhecido, se sentia humilhado por seus superiores no trabalho: não o entendiam, o invejavam, não estavam à sua altura. Teve conflitos e sempre se livrava porque, por sorte, era muito bom. Recentemente, correu o risco de ser deixado pela mulher, cansada da sua raiva. O passado emerge na terapia. Nem sempre, mas tende a emergir. Esperava uma história de louvor e castigos, de exaltações e negligência. Surgiu outra coisa. O pai era alcoólatra. Voltava para casa de porre. Lutava para manter o emprego. A mãe trabalhava como escrava para criar três filhos. O meu paciente era o primogênito. De manhã, levantava-se antes de todos os outros e preparava o café da manhã. Com 8 anos. Apresentava-se bem-vestido, mas por dentro eclodia a vergonha do pai. Teria gostado de sentir orgulhoso dele – as crianças precisam disso –, mas não conseguia. Queria ser acordado, repreendido para se levantar e comer alguma coisa a tempo de ir à escola. Em vez disso, ele tinha de fazer tudo sozinho. E espreitava o pai na esperança de que ele se levantasse lúcido.

PARA APROFUNDAR

Ensaio acadêmico

- *La dissociazione traumatica, comprenderla e affrontarla*, Kathy Steele, Onno Van der Hart, Suzette Boon, Mimesis Edizioni, 2013.

Filmes

- *Refém do silêncio*, Gary Fleder, 2001.
- *O substituto*, Tony Kaye, 2011.

Romance

- *Trauma*, Patrick McGrath, Vintage, 2008.

Trazemos a seguir a segunda parte da escala de avaliação PCL-5 (apresentamos a primeira parte no apêndice ao capítulo 1), amplamente utilizada pelos profissionais do setor, a qual investiga o aparecimento dos sintomas característicos que podem ser a consequência de um evento traumático. Mais uma vez, se você responder afirmativamente à maioria das perguntas, o nosso conselho é que procure ajuda profissional.

Esta é uma lista de problemas que as pessoas às vezes encontram como resultado de ter tido uma experiência altamente estressante. Com o seu pior evento em mente, leia atentamente cada problema e procure o número à direita que melhor indica o quanto ele o perturbou *no último mês*.

PCL-5[2]

A. De modo nenhum

B. Um pouco

C. Moderadamente

D. Muito

E. Extremamente

---

[2] Lista de verificação do TEPT para o DSM-5. (N.T.)

Versão autorizada, traduzida e adaptada para o português do Brasil, em junho 2016.

Autores: Flávia de Lima Osório, Marcos N. Hortes Chagas, Natalia M. Souza, Rafael Guimarães dos Santos, Thiago Dornela Apolinario da Silva, Rafael Faria Sanches, José Alexandre de Souza Crippa.

Versão original: The PTSD Checklist for DSM-5 with Life Events Checklist for DSM-5 and Criterion A. Reference: Weathers FW, Litz BT, Keane TM, Palmieri PA, Marx BP, Schnurr PP. (2013). The PTSD Checklist for DSM-5 (PCL-5) – Extended Criterion A (Mesasurement instrument).

No último mês, quanto você foi incomodado por:	A	B	C	D	E
1. Lembranças indesejáveis, perturbadoras e repetitivas da experiência estressante?	0	1	2	3	4
2. Sonhos perturbadores e repetitivos com a experiência estressante?	0	1	2	3	4
3. De repente, sentindo ou agindo como se a experiência estressante estivesse, de fato, acontecendo de novo (como se você estivesse revivendo-a, de verdade, lá no passado)?	0	1	2	3	4
4. Sentir-se muito chateado quando algo lembra você da experiência estressante?	0	1	2	3	4
5. Ter reações físicas intensas quando algo lembra você da experiência estressante (por exemplo, coração apertado, dificuldades para respirar, suor excessivo)?	0	1	2	3	4
6. Evitar lembranças, pensamentos, ou sentimentos relacionados à experiência estressante?	0	1	2	3	4
7. Evitar lembranças externas da experiência estressante (por exemplo, pessoas, lugares, conversas, atividades, objetos ou situações)?	0	1	2	3	4
8. Não conseguir se lembrar de partes importantes da experiência estressante?	0	1	2	3	4
9. Ter crenças negativas intensas sobre você, outras pessoas ou o mundo (por exemplo, ter pensamentos tais como: "Sou ruim", "Existe algo seriamente errado comigo", "Ninguém é confiável", "O mundo todo é perigoso")?	0	1	2	3	4

10. Culpar a si mesmo ou aos outros pela experiência estressante ou pelo que aconteceu depois dela?	0	1	2	3	4
11. Ter sentimentos negativos intensos como medo, pavor, raiva, culpa ou vergonha?	0	1	2	3	4
12. Perder o interesse em atividades que você costumava apreciar?	0	1	2	3	4
13. Sentir-se distante ou isolado das outras pessoas?	0	1	2	3	4
14. Dificuldades para vivenciar sentimentos positivos (por exemplo, ser incapaz de sentir felicidade ou sentimentos amorosos por pessoas próximas a você)?	0	1	2	3	4
15. Comportamento irritado, explosões de raiva ou agir agressivamente?	0	1	2	3	4
16. Correr muitos riscos ou fazer coisas que lhe podem causar algum mal?	0	1	2	3	4
17. Ficar "superalerta", vigilante ou de sobreaviso?	0	1	2	3	4
18. Sentir-se apreensivo ou assustado facilmente?	0	1	2	3	4
19. Ter dificuldades para se concentrar?	0	1	2	3	4
20. Problemas para adormecer ou continuar dormindo?	0	1	2	3	4

8

DOS SINTOMAS AOS TRANSTORNOS

1. Diagnósticos relacionados ao trauma

No início do nosso tratado, recordamos como o trauma é considerado um *fator de risco não específico* para a psicopatologia: isso significa que existem muitos diagnósticos que podem ser a consequência de um evento traumático.

Respostas psicopatológicas (DSM-5)

- Transtornos relacionados a trauma e estressores
- Transtornos dissociativos
- Outros transtornos não específicos (disfunções sexuais; transtornos alimentares; transtornos da personalidade; transtornos somatoformes; outros transtornos de ansiedade como fobia social; transtornos do desenvolvimento; transtornos do humor, como, por exemplo, um grande episódio depressivo etc.)

O DSM-5 contém, pela primeira vez, um capítulo inteiramente dedicado ao grupo dos chamados "transtornos relacionados a trauma e estressores".

Transtornos relacionados a trauma e estressores

- Transtorno de apego reativo
- Transtorno de interação social desinibida
- Transtorno de estresse pós-traumático
- Transtorno de estresse agudo
- Transtornos de adaptação
- Transtorno relacionado a trauma e a estressores especificados
- Transtorno relacionado a trauma e a estressores não especificados

Depois, há as categorias não oficiais, que não estão integradas no DSM-5, sobre as quais ainda existe um grande debate. Um deles é o *transtorno pós-traumático complexo* (Liotti e Farina, 2011).

Além disso, os psicoterapeutas não devem necessariamente intervir apenas com relação a pacientes que apresentam um transtorno estabelecido e classificado em uma única categoria diagnóstica oficial. Muitas vezes é apropriado intervir em problemas que requerem uma atenção profissional, que envolvem um desconforto subjetivo, mesmo sem necessariamente atender a todos os critérios para declará-lo um transtorno real. É o caso, por exemplo, dos *transtornos em remissão* e dos *transtornos subliminares*, com poucos sintomas ou, até mesmo, com apenas um dos sintomas que descrevemos no capítulo anterior. Também o luto pode ser considerado uma daquelas condições que não constitui um diagnóstico médico-psiquiátrico, mas que o psicoterapeuta também pode acompanhar, mesmo que não seja um luto prolongado, traumático e duradouro.

Categorias diagnósticas não oficiais

- Transtorno pós-traumático complexo
- Transtorno de estresse pós-traumático em remissão parcial e subliminar

Finalmente, existem outros transtornos que podem, com certa frequência, ter uma origem pós-traumática:

- os *transtornos dissociativos*: são unanimemente considerados parte do chamado "espectro pós-traumático". Estudos epidemiológicos indicam a presença de fatores traumáticos do desenvolvimento em até 80-90% dos casos de transtornos dissociativos (Miti e Onofri, 2011);

- as *disfunções sexuais*: certamente uma parte das disfunções sexuais (vaginismo, dispareunia, ou seja, relações sexuais dolorosas, anorgasmia) reconhece uma gênese traumática (Mantione e Presti, 2016);

- todos os *transtornos somatoformes*: as queixas físicas, a fadiga crônica, várias formas de dor psicogênica (Nijenhuis, 1999);

- os *transtornos alimentares*: uma parte significativa tem comorbidades com transtornos pós-traumáticos complexos, como também mostra o estudo ACE (ver capítulos 3 e 4) (Van der Linden e Vandereycken, 1998);

- a *fobia social*: muitas fobias sociais são consequências de quem sofreu *bullying*, de ter nascido com uma malformação ou ter um defeito físico e, por isso, ser marginalizado;

- todo o *espectro das dependências patológicas*: com o uso de substâncias entorpecentes, as pessoas tentam regular as emoções desregradas, restaurar certos estados, isto é, gerir os próprios estados de ânimo. Portanto, são tentativas de autocura que, infelizmente, às vezes envolvem mais danos do que os aparentes benefícios iniciais e imediatos.

Uma inovação importante contida no DSM-5 é a de ter relacionado explicitamente os dois transtornos pós-traumáticos que se referem à infância (o *transtorno de apego reativo* e o *transtorno de interação social desinibida*) com um desenvolvimento caracterizado por condições de grave negligência social e pela ausência de cuidados adequados durante a infância. Entre os critérios diagnósticos dos dois transtornos encontramos, de fato:

A criança vivenciou um padrão extremo de cuidado insuficiente evidenciado por pelo menos um dos seguintes aspectos:

- negligência ou privação social na forma de ausência persistente do atendimento às necessidades emocionais básicas de conforto, estimulação e afeição por parte de cuidadores adultos;

- mudanças repetidas de cuidadores, limitando as oportunidades de formar vínculos estáveis (por exemplo, trocas frequentes de lares adotivos temporários);

- desenvolvimento em contextos peculiares que limitaram gravemente as oportunidades de formar vínculos seletivos (por exemplo, instituições com alto número de crianças por cuidador) (APA, 2013).

2. Os critérios diagnósticos para transtorno de estresse pós-traumático

Obviamente, aqui, não podemos descrever em detalhes todas as perturbações psicopatológicas que podem resultar de uma experiência traumática. Vamos nos concentrar apenas no chamado transtorno de estresse pós-traumático, que representa o transtorno mais frequente e paradigmático como resultado de um trauma, e que já discutimos na primeira parte deste livro, para aprofundar o que acontece "quando as reações não passam".

Os sintomas mais comuns do transtorno de estresse pós-traumático

- *Flashbacks* recorrentes, pesadelos ou pensamentos intrusivos sobre um evento traumático
- Retirada da família e amigos próximos

- Dificuldade para dormir
- Evitar lembrar do evento
- Insensibilidade (*numbing*) emocional
- Sentimento de culpa por ter sobrevivido
- Ser facilmente assustado

Para fazer um diagnóstico de TEPT, os sintomas descritos acima devem durar mais de um mês e, como todos os transtornos incluídos no DSM, devem causar desconforto clinicamente significativo ou alterar o funcionamento social, laboral e escolar. Os sintomas não devem ser a consequência de um abuso de substâncias entorpecentes. Além disso, o diagnóstico de TEPT pode ser feito a partir dos 6 anos de idade.

Finalmente, o DSM-5 permite que algumas especificações sejam adicionadas. A primeira é temporal: se a manifestação dos sintomas ocorre apenas alguns meses após o evento traumático, é definida como expressão tardia. A segunda refere-se aos sintomas dissociativos. Por dissociação, a *désagrégration* de Janet, entende-se o desaparecimento das funções organizacionais e integradoras da consciência. Se há uma percepção de descontinuidade do fluxo de consciência que altera a relação que o paciente tem com o seu corpo (o paciente já não sente o corpo como seu) ou com a realidade (é a percepção da realidade que se altera, não o julgamento que o paciente tem da própria realidade, como se a visse de longe).

Você sofre de algum transtorno de estresse pós-traumático?

Se responder afirmativamente a quatro ou mais das seguintes perguntas, pode ser que sofra de TEPT. Embora muitas vezes seja difícil para as pessoas com TEPT falar sobre suas experiências, vale a pena consultar um psiquiatra ou psicoterapeuta, pois o tratamento poderia ser de grande ajuda. Mesmo que você não tenha nenhum sintoma preocupante relacionado ao evento, poderia, sem dúvida, beneficiar-se do conselho de um profissional de saúde mental.

- Você testemunhou ou experimentou um evento traumático nos últimos meses?
- Essa experiência o fez sentir-se muito assustado ou impotente?
- Você tem dificuldade em tirar o que ocorreu da sua cabeça? Tende a pensar sobre isso durante o dia, a sonhar com isso, a ter *flashbacks* ou a viver intenso desconforto psicológico quando se lembra disso?
- Você evita pessoas ou lugares que o recordem do evento?
- Você tem mais dificuldade em adormecer ou em concentrar-se do que antes?
- Você ficou mais assustado e se sente mais irritável ou irritado do que antes?
- Os sintomas duraram mais de um mês?
- O seu desconforto dificulta o seu trabalho ou a sua vida normal?

3. O transtorno de estresse agudo

Este diagnóstico é usado basicamente quando a sintomatologia pós-traumática aparece particularmente intensa já no primeiro período após um evento. Por "sintomatologia particularmente intensa", entendemos não só uma hiperativação fisiológica, mas sobretudo um sentimento de *desconexão* dos outros e da realidade.

Os sintomas são semelhantes aos do TEPT, mas devem durar pelo menos dois dias e menos de um mês após um evento traumático.

Os sintomas do transtorno de estresse agudo

- Assustar-se facilmente
- *Flashbacks* ou sonhos sobre o evento traumático
- Evitamento de pessoas e situações

- Dificuldade para dormir
- Os sintomas estão presentes por pelo menos dois dias após o evento, mas menos de um mês

4. Os transtornos pós-traumáticos nas crianças

As crianças também são vulneráveis a reações pós-traumáticas, embora tenham boas habilidades para lidar com situações difíceis, se forem adequadamente apoiadas emocionalmente. As reações a eventos traumáticos ou catastróficos (por exemplo, um terremoto) nas crianças podem diferir muito de caso para caso, especialmente nos primeiros dias. Também para elas, de fato, não há uma "maneira correta" de perceber e expressar a dor e a preocupação. Nos momentos de perigo, as crianças têm necessidade de recorrer a figuras de referência, mas, quando estas também estão expostas ao mesmo trauma, os pequenos podem perder a segurança na possibilidade de receber conforto e tranquilidade. Por isso, é essencial que os adultos possam encontrar um espaço psicológico que os ajude a lidar com as suas reações normais de estresse e, em seguida, possam devolver aos seus filhos a necessária segurança emocional.

Em caso de exposição a um evento dramático, as crianças expressam os seus sentimentos de forma diversa dos adultos e de modos diferentes também de criança para criança, dependendo da idade e do estágio de desenvolvimento. É como se elas sofressem "pouco a pouco": não parecem, de fato, manter a mesma intensidade emocional durante longos períodos, mas geralmente apresentam reações emocionais e comportamentais mais descontínuas e intermitentes. Por exemplo, poderiam apresentar fortes crises de choro e raiva e um momento depois parecem quase indiferentes. Os adultos poderiam, então, pensar: "Está brincando como antes, então significa que já superou tudo". Na realidade, é como se as crianças entrassem e saíssem surpreendentemente depressa da situação, uma hora da brincadeira, outra hora da dor; muitas vezes têm pesadelos, raivas repentinas e explosões de choro.

Após a exposição a um evento crítico, as crianças podem experimentar muitos estados emocionais: tristeza, culpa, raiva, medo, confusão e ansiedade. Podem também manifestar reações somáticas, como distúrbios físicos (dores de cabeça, dores de estômago, estados febris difíceis de diagnosticar etc.). Existem acentuadas diferenças individuais na ocorrência, na duração e na intensidade dessas reações. O processo de elaboração é muito subjetivo: é possível que em algumas crianças só apareça uma dessas reações, enquanto em outras surjam várias, talvez ao mesmo tempo, ou durante um dia, ou por um longo período de tempo.

PARA APROFUNDAR

Ensaio acadêmico

- *Autobiografia de um espantalho. Histórias de resiliência: o retorno à vida,* Boris Cyrulnik, Martins Fontes, 2009.

Filme

- *O último samurai,* Edward Zwick, 2003.

Romance

- *Il bambino invisibile,* Marcello Foa e Manuel Antonio Bragonzi, Piemme, 2013.

9

LIDAR COM A DOR: A AUTOAJUDA

Quando se pode dizer que uma memória traumática está realmente resolvida, superada? Basicamente, quando se torna uma memória como as outras. Desagradável, ruim, triste ou dolorosa, mas já não capaz, *aqui* e *agora*, de produzir reações como se o evento estivesse acontecendo no momento presente e não fosse, em vez disso, uma memória que agora diz respeito a algo que pertence apenas ao passado e, portanto, definitivamente concluído. Consequentemente, o primeiro passo de qualquer tentativa de ir além da dor e do sofrimento implica a diminuição do nível de medo e a *restauração de um sentimento de segurança*. Até aquele momento, é como se o indivíduo soubesse racionalmente que o perigo acabou, mas seu cérebro ainda não acredita nisso e seu corpo não o sente.

Para ter certeza da superação de um evento traumático, pode-se tentar realizar este exercício, que faz parte da abordagem EMDR, que discutiremos no próximo capítulo:

- volte com a mente ao evento traumático;

- escolha a imagem que representa a pior parte do evento para você;

- concentre-se naquela imagem e observe se surgem na sua mente frases negativas, julgamentos, convicções negativas sobre si mesmo;
- observe a emoção que surge dentro de você;
- numa escala de 0 a 10 tente dizer qual é o grau de perturbação que você sente;
- preste atenção ao que acontece em seu corpo: o que sente fisicamente?

Se durante este exercício notou um nível de desordem superior a 3 e se, depois de tudo o que se leu até aqui, pensa que sofre de um transtorno pós-traumático, a melhor coisa a fazer é obviamente consultar um psicólogo ou um psiquiatra. Com uma correta avaliação e um plano personalizado no contexto de uma boa aliança terapêutica (veremos melhor, a seguir, do que se trata), é possível recuperar rapidamente um certo bem-estar. Enquanto isso, entretanto, pode-se também começar a cuidar de si mesmo, confiando na tendência natural do cérebro para o reparo e a cura, que entra em ação desde o primeiro momento após a ocorrência de um evento traumático.

1. Em primeiro lugar, tome cuidado para não se causar dano

Entre as várias maneiras pessoais de lidar com um sofrimento individual que vem de algo profundamente negativo acontecido no passado, algumas podem ser mais saudáveis – como ligar para um amigo, ouvir boa música, rezar ou tentar relaxar –, outras, no entanto, podem ser menos saudáveis ou até mesmo prejudiciais. Com demasiada frequência, de fato, as pessoas se comportam de forma arriscada para a própria saúde numa tentativa de aliviar a dor emocional.

Por exemplo, formas muito pouco saudáveis são:

- ver horas e horas de televisão "para tentar não pensar";
- isolar-se dos outros ou, ao contrário, lançar-se numa vida social agitada e frenética;
- alimentar-se demasiado, subnutrir-se ou alimentar-se mal;
- dormir demasiado e passar muitas horas na cama;
- beber demasiado álcool ou muita cafeína;
- usar *cannabis* ou outras drogas para se acalmar ou, ao contrário, para tentar se manter "acordado";
- começar a fumar ou fazê-lo mais do que o habitual;
- automedicar-se, sem supervisão médica.

Comer bem, cuidar de si mesmo, tornar-se consciente de si mesmo

Comer bem ajuda a construir a capacidade de recuperação e estabelece uma base sólida para a retomada do bem-estar pessoal. Acima de tudo, prestar atenção ao que se come implica uma atitude ativa de cuidado e de atenção consigo mesmo, sem a qual é difícil imaginar qualquer outra mudança positiva. É importante hidratar-se adequadamente, ingerir a quantidade certa de alimentos variados, dando particular importância aos vegetais e às frutas, bem como aos cereais integrais.

As pessoas traumatizadas, de fato, podem facilmente negligenciar o cuidado de si mesmas, também por causa da desregulação emocional e das frequentes, e muitas vezes súbitas, flutuações entre o tumulto emocional dado pela hiperativação do sistema nervoso simpático e o apagamento emocional dado pela hipoativação causada pelo sistema parassimpático vago-dorsal. Assim, a dieta torna-se apressada e desordenada, os horários de sono caóticos e irregulares, a ingestão de água reduzida, a sexualidade ausente ou promíscua, os contatos sociais em falta e cada vez mais empobrecidos, os prazos cada vez menos respeitados devido a uma tendência generalizada para a procrastinação.

É importante, no entanto, tentar retomar as rédeas da própria vida, começando pelo respeito pelos biorritmos fisiológicos, pela necessidade de uma dieta saudável, pelo exercício físico regular, pela procura de um apoio social capaz de estimular e reativar as funções do sistema parassimpático vago-ventral que nos permite conviver com pessoas capazes de proporcionar conforto emocional e que têm um efeito calmante sobre nós.

Para isso, é importante, como primeiro passo, fazer uma espécie de "fotografia" da situação, anotando em um simples diário pessoal as atividades e os modos de passar o tempo. Isso também servirá para elaborar uma lista das questões mais urgentes a serem tratadas (uma antiga multa ainda não quitada, por exemplo, ou um boleto vencendo, ou uma consulta com o dentista continuamente adiada). Para isso, é importante começar a aumentar a consciência de si e, portanto, o monitoramento das próprias emoções e, sobretudo, das respostas de alarme, observando como estas às vezes consistem em um medo agitado e outras em uma espécie de achatamento emocional e cognitivo devido ao sistema vago-dorsal.

Seria bom definir momentos fixos do dia (por exemplo, assim que se levanta, no meio da manhã, depois do almoço, depois do jantar e antes de ir para a cama) para avaliar-se com uma pontuação variando de 1 a 10 sobre o senso de medo e de alerta, observando como e quanto isso leva, por assim dizer, à ação (luta ou fuga) ou, pelo contrário, tende a imobilizar, a desativar a ação, a fazer se sentir apagado, atordoado, sem energia. Sempre que a pontuação for superior a 5, a pessoa poderia procurar ativamente alguma forma – desde que saudável – de reduzi-la: encontrar uma posição mais confortável, por exemplo, ou variar a iluminação do local onde se encontra, ouvir uma música calma ou "energizante", comer um lanche, ligar para um amigo que tenha um papel positivo na sua vida, dar um passeio num parque ou fazer uma visita a uma igreja. Em suma, é uma questão de pensar ativamente em algo que possa estimular e reativar aquele sistema vago-ventral que está provavelmente funcionando mal nas reações psicopatológicas pós-traumáticas.

Alguns exercícios simples de *enraizamento* (o chamado "grounding") poderiam ser úteis especialmente em casos de sensação de distanciamento da realidade e do próprio corpo: olhar conscientemente ao redor e dizer em voz alta onde está, reparar em alguns detalhes no ambiente que talvez nunca tenha notado antes com atenção real, "sentir" o próprio corpo através de exercícios simples de alongamento, usar os outros sentidos para ancorar-se o máximo possível no momento presente, como ouvir música, dançar, usar um perfume para estimular o olfato, aumentar a iluminação da sala, segurar uma pedra na mão, degustar um sabor forte. Tudo isso pode servir para chamar a pessoa de volta à consciência de si mesma, no *aqui* e *agora*. Quando se olha ao redor, com atenção e consciência, poderia ser importante tentar "convencer" o próprio cérebro e o próprio corpo de que *agora* se está em uma situação de segurança, perguntando-se várias vezes explicitamente: "Vejo algum perigo, agora, aqui, ao meu redor? Não! Agora estou a salvo. O perigo acabou, passou!".

Também as técnicas de relaxamento, do treinamento autógeno da ioga estruturada, podem ser úteis para diminuir a hiperativação fisiológica e provocar a resposta de relaxamento.

Uma forma eficaz e simples pode ser representada pelo exercício dos quatro elementos (ver o quadro na próxima página), desde que seja repetido regularmente, treinando, sobretudo, para ligar as sensações positivas às quatro palavras que a compõem (terra, ar, água e fogo), de modo a poder encontrá-las e reativá-las simplesmente nomeando-as na própria mente. A resposta de relaxamento, de fato, deve ser suscitada regularmente para que os benefícios persistam.

Um lembrete visual pode ajudá-lo a lembrar-se de realizar os exercícios. Por exemplo, ter elásticos coloridos nos pulsos ou adesivos autocolantes na pulseira do relógio ou no cinto pode ajudá-lo a lembrar-se de fazer uma pausa e relaxar.

Exercício dos quatro elementos (fazer de preferência sentado)

Terra: olhar em volta. Repetir mentalmente onde se está, a data e a hora. Pensar várias vezes: "Agora, aqui, estou a salvo". Prestar atenção em dois elementos do ambiente circundante. Pensar de novo: "Agora, aqui, estou a salvo". Mover a própria atenção para o contato dos pés com o chão, batê-los e pressioná-los contra o chão. Observe cuidadosamente o contato com as superfícies de apoio, com a cadeira, os apoios de braços, o encosto. Imagine ser uma grande árvore, bem plantada no meio de uma vasta planície. Imagine que as próprias pernas são as raízes e que chegam ao centro da terra. Visualizar-se como firme e estável e "ligar" esta sensação à palavra "terra".

Ar: notar a sua própria respiração, entrando e saindo. Tentar respirar fundo e devagar, no seu próprio ritmo. Tentar prolongar a expiração em particular. Ficar assim por alguns minutos, prestando atenção a todas as sensações que se sente. Visualizar-se forte e cheio de energia e "ligar" este sentimento à palavra "ar".

Água: observar as sensações que provêm da própria boca. Prestar atenção ao grau de umidade ou secura. Aumentar ativamente a salivação, movendo a língua contra o céu da boca, até sentir a boca cheia de líquido. Visualizar-se calmo e tranquilo e "ligar" esta sensação à palavra "água".

Fogo: voltar com a mente para um momento positivo da própria vida, quando algo bom ocorreu ou quando atingiu um objetivo pessoal, e tentar lembrar todos os componentes daquela situação, o que via, ouvia, sentia no corpo, até eventuais odores ou sabores. Visualizar-se "aceso" pelo "fogo" da imaginação.

2. Estimular a resposta de relaxamento

Aprender a provocar a resposta de relaxamento requer uma espécie de prática, a ser realizada várias vezes ao dia, mesmo de forma muito simples: para reduzir o *arousal* e enviar sinais de segurança ao próprio cérebro, às vezes pode ser suficiente concentrar-se na respiração, num som (*om*), numa oração curta, numa palavra positiva (como "calma" ou "paz"), ou numa frase ("O perigo acabou", "Estou seguro agora!") e repeti-la na sua mente, enquanto respira fundo e expira lentamente.

Pode-se, portanto, suscitar a resposta de relaxamento de muitas maneiras diferentes, mas o que importa é interromper o curso dos pensamentos de cada dia, concentrando-se numa palavra, frase, oração ou atividade repetitiva. Estas técnicas podem ser usadas em quase todos os lugares. Não precisam de nenhum equipamento especial ou de um instrutor experiente (A Harvard Medical School Special Health Report, 2016).

3. A meditação de conscientização (*mindfulness*)

A *mindfulness*, que tem suas raízes na tradição budista, é a prática de focar a atenção no que está acontecendo no presente e aceitá-lo sem julgamento. Muitos médicos e psicoterapeutas acreditam que pode ser uma poderosa ferramenta terapêutica. A *mindfulness* é muitas vezes aprendida através da prática da meditação, uma metodologia sistemática para regular a própria atenção de uma pessoa, concentrando-se na respiração, numa frase ou numa imagem.

Existem provas de que a meditação tem efeitos no cérebro. Um estudo mediu, por exemplo, a atividade elétrica do cérebro em alguns voluntários antes, imediatamente após e quatro meses depois de um curso de *mindfulness* com dois meses de duração. Os pesquisadores encontraram um aumento persistente na atividade do córtex pré-frontal, associado a emoções positivas e a uma sensação de segurança. Os estudiosos também estão considerando os possíveis efeitos da meditação sobre a amígdala, o centro cerebral do medo.

Ao desacelerar as experiências e aprender a focar no *aqui* e *agora*, muitas pessoas que praticam *mindfulness* têm menos probabilidades de ficarem envolvidas com preocupações sobre o futuro ou com arrependimentos sobre o passado. Cada vez mais, a *mindfulness* está associada a programas de psicoterapia, particularmente a terapia cognitivo-comportamental.

4. Alguns exercícios simples de conscientização

Um exercício de meditação

Sentar-se em uma cadeira com as costas retas ou as pernas cruzadas no chão. Concentrar-se em um aspecto da própria respiração, como, por exemplo, as sensações do ar fluindo através das próprias narinas e boca, ou a barriga que sobe e desce durante a inspiração e expiração. Uma vez tendo limitado a própria concentração dessa forma, começar a ampliar a atenção. Tornar-se consciente de sons, sensações e das próprias ideias. Se a mente começa a correr, simplesmente aceite e, assim que perceber a própria distração, retorne sua atenção para a respiração. Então, expanda de novo a conscientização. Jon Kabat-Zinn, fundador e ex-diretor da Clínica de Redução de Estresse da Universidade de Massachusetts, recomenda fazer esse exercício durante 30 minutos por dia, todos os dias ou sempre que possível.

A prática da conscientização na vida cotidiana

É possível escolher qualquer atividade ou tempo para praticar a conscientização. Seja comendo, tomando banho, caminhando, abraçando o próprio parceiro, brincando com uma criança, pode-se:

respirar profundamente, inspirando pelo nariz e permitindo que o ar flua para o abdômen. Deixar que ele se expanda completamente. Depois, expirar pela boca. Manter-se consciente de cada inspiração e expiração. Proceder com a atividade agradável que se está fazendo, lentamente e com plena consciência, notando todas as sensações que se obtém dela. Envolver todos os sentidos completamente, para que se possa desfrutar de todas as sensações.

Respiração profunda

Quando se está tenso e assustado, tende-se a fazer respirações rápidas e pouco profundas, e a preencher apenas a parte superior dos pulmões. Quando, por outro lado, se respira profundamente – prática chamada "respiração diafragmática", abdominal ou "de barriga" –, o ar que entra pelo nariz enche a parte superior dos pulmões, mas também a parte inferior. Comparadas às respirações pouco profundas que ocorrem quando o pânico chega, as respirações diafragmáticas profundas são muito calmantes.

As respirações abdominais profundas favorecem uma troca completa entre o oxigênio que entra e o dióxido de carbono que sai. Não é por acaso que este tipo de respiração induz ao relaxamento, abranda o ritmo cardíaco e pode reduzir ou estabilizar a pressão arterial.

Comece por encontrar um local confortável e tranquilo para se sentar ou deitar. Observe a sua respiração. Respire normalmente, depois tente respirar mais devagar e profundamente. O ar que entra através do seu nariz deve mover-se para a barriga. Deixe o abdômen expandir-se completamente. Em seguida, expire pela boca (ou pelo nariz, se parecer mais natural). Respire ora normalmente, ora profundamente, alternando várias vezes. Preste atenção a como se sente quando respira normalmente e quando inspira e expira profundamente. Finalmente, execute a respiração diafragmática por alguns minutos. Ponha uma mão no abdômen, logo abaixo do umbigo. Sinta o seu inchaço cada vez que inspirar e o seu esvaziamento cada vez que expirar. Lembre-se de relaxar a barriga para que cada inspiração possa expandi-la completamente. Pratique esta técnica de respiração por 15-20 minutos todos os dias (A Harvard Medical School Special Health Report, 2016).

Visualizando um "lugar seguro"

A imaginação guiada pode ajudar a evocar cenas calmantes. As imagens são escolhidas de forma a quebrar a cadeia habitual dos pensamentos de todos os dias. Por exemplo, praias de areia, lagos de montanha ou campos de flores. Apenas se certifique de que a imagem é relaxante e que, obviamente, não está ligada de forma alguma ao trauma vivido, caso contrário o exercício não será eficaz. Evoque o seu próprio lugar seguro e imagine-se lá. Quais são os cheiros? Os sons? As cores? Concentre-se no prazer sensorial: a brisa fresca no rosto, o ranger do cascalho sob os pés, o perfume das árvores floridas. Comece a visualização depois de ter encontrado um lugar sossegado para sentar-se. Organize o corpo confortavelmente. Limpe a sua mente com respirações profundas, mesmo durante vários minutos, e depois dê início à sua imaginação. Simplesmente aceite quaisquer pensamentos intrusivos, sem julgamento e observando-os passivamente. Assim que você perceber sua distração, simplesmente retorne à visualização. Pratique o exercício durante 10-20 minutos.

Pode-se, por exemplo, imaginar um balão de ar quente colorido. Aproxime-se para observar cuidadosamente as cores. Você pode decidir ficar no gramado e descansar ou dar um passeio no balão de ar quente. Se você optar por fazer um passeio, entre lentamente na cesta. Veja dois pequenos sacos de areia no interior. Há palavras escritas em cada saco. Incline-se e pegue um. Esses sacos representam os traumas da vida. Repare no que as palavras dizem e delicadamente atire o saco para fora do cesto. Quando você solta o saco, o balão de ar quente fica mais leve e se levanta do chão. Pegue o outro saco. Repare no que este saco representa. Jogue fora também este e, depois, sente-se no cesto. O balão de ar quente fica mais leve e sobe para o céu. A cada trauma que libera, você se sente mais leve, como o balão de ar quente. Enquanto se sente leve, relaxe. Os seus músculos relaxam e a mente fica em silêncio. Pode-se voar à deriva tranquilamente entre as nuvens, flutuando levemente, em paz e livre de quaisquer preocupações. Pode-se optar por viajar para um destino específico ou um local seguro. Até que chega a hora de começar a viagem para casa. O balão de ar quente regressa, então, lentamente para a pradaria.

O escaneamento corporal

Um escaneamento corporal é uma técnica de relaxamento que integra a respiração, a meditação e a visualização. Ajuda a sintonizar mais a mente e o corpo. Um escaneamento corporal pode ajudar a detectar e liberar a tensão no corpo. É um exercício bastante simples. Concentrar-se em uma parte do corpo de cada vez.

1. Sente-se ou deite-se. Respire profundamente durante 2 minutos antes de começar.

2. Concentre-se no dedão do pé direito. Imagine a ponta do pé livre, quente e relaxada.

3. Agora, mude a própria atenção para cada um dos outros dedos do pé direito, visualizando-os um a um, imaginando-os livres, quentes e relaxados.

4. Mude lentamente a sua atenção para o arco, portanto, para a parte superior do pé.

5. Mova a atenção para a perna, o tornozelo, a panturrilha, o joelho, a coxa e o quadril. Gaste o tempo que precisar. Para cada parte, imagine cada músculo livre, quente e relaxado.

6. Permita que a perna direita relaxe, sentindo-a pesada e apoiada no chão.

7. Agora repita estes passos, focalizando o pé e a perna esquerdos.

8. Depois disso, tome consciência das suas costas. Preste atenção em cada vértebra, relaxando cada músculo.

9. Gradualmente, passe para o abdômen e para o tórax. Imagine cada um dos órgãos internos e o espaço entre eles. Permita que a barriga se sinta leve e livre.

10. Veja o próprio polegar direito e, em seguida, os dedos restantes, um a um, depois se mova lentamente para a mão e o braço: relaxe a palma da mão, o pulso, o antebraço, o cotovelo, a parte superior do braço e o ombro.

11. Sinta o braço direito relaxando, sentindo-o livre, quente e leve.

12. Fazer a mesma coisa com a outra mão e o outro braço.

13. Concentre-se no pescoço e no maxilar. Boceje. Permita que cada parte do rosto relaxe, trabalhando a mandíbula, os olhos e a testa. Desloque a sua atenção para cima e para trás da cabeça.

14. Sinta todo o seu corpo pesado e afunde-se na cadeira ou na cama. Concentre-se de novo na respiração. Imagine respirar a calma e a paz. Expirando, imagine que cada resíduo de tensão vai sendo expelido do corpo.

15. Se alguma parte do corpo ainda estiver tensa, concentre sua respiração nessa área, afrouxando a tensão daquele ponto durante a expiração.

16. Sente-se ou deite-se em silêncio por alguns minutos, notando as sensações do corpo após este exercício. Então abra os olhos lentamente. Reserve mais um momento para se alongar.

Exercício físico

Todo mundo sabe que um bom exercício e sua prática regular podem ajudar a sentir-se menos estressado e mais capaz de lidar com os problemas. Pesquisas mostram que a atividade física pode reduzir os sintomas de ansiedade e melhorar o humor, provavelmente aumentando a produção de endorfinas, substâncias químicas naturais que atuam como analgésicos. Um estudo publicado na revista científica *PLoS ONE* em 2014 revelou que as pessoas que praticam exercício físico regularmente percebem o próprio ambiente como menos ameaçador. O exercício físico, além do mais, parece ajudar a reduzir a sensação de distanciamento de si mesmo, da realidade e do próprio corpo, algo que as pessoas traumatizadas às vezes sentem.

Trinta minutos de atividade física moderada todos os dias – uma caminhada rápida, por exemplo, ou até mesmo trabalhos domésticos – oferecem uma série de benefícios para a saúde psíquica e física e ajudam a eliminar mais rapidamente os "hormônios do estresse". Em particular, os exercícios rítmicos e repetitivos como a caminhada, a corrida, a natação, o ciclismo ou a canoagem despertam a resposta de relaxamento. Mas artes marciais e os jogos de equipe também são muito úteis.

No que diz respeito ao exercício físico, existem também procedimentos especificamente concebidos para reduzir os efeitos físicos e emocionais dos traumas, como os *Trauma and Stress Releasing Exercises* [Exercícios de liberação de trauma e estresse], que estão disponíveis *on-line* (Berceli, 2016).

A oração repetida

Mesmo uma breve oração – independente da tradição religiosa a que se pertença – pode ser uma boa maneira de despertar a resposta de relaxamento. Quando a oração é significativa, a sua repetição pode intensificar a resposta de relaxamento e a restauração da sensação de segurança.

Exemplos de orações que podem ser muito significativas:

- Senhor Jesus, tende misericórdia de mim.
- Ave, Maria, cheia de graça.
- Shemá Israel.
- *Inshallah.*
- Que todos estejam cheios de alegria e paz.
- Om.
- Concede-me a serenidade.

Procurar apoio social

Caso não haja pessoas na família, amigos ou sacerdotes com quem conversar regularmente sobre os próprios problemas, poderia ser muito útil procurar um grupo de apoio para ter a oportunidade de se comunicar com pessoas que tiveram experiências semelhantes e que se confrontam com emoções dolorosas semelhantes. *Fóruns* e *chats* na internet também podem oferecer a oportunidade para compartilhar as preocupações e reduzir os sentimentos de isolamento que são comuns às pessoas traumatizadas.

Estudos têm demonstrado que os laços sociais – pelo menos aqueles que representam relações positivas – protegem significativamente a saúde e o bem-estar.

Na Suécia, um grupo de pesquisadores que acompanharam mais de 17 mil homens e mulheres durante seis anos descobriram que aqueles que relatavam maior isolamento e solidão tinham um risco quatro vezes maior de morte precoce do que aqueles com boas relações sociais. Alguns pesquisadores californianos que acompanharam cerca de 7 mil residentes de Alameda County por nove anos descobriram que a falta de uma forte comunidade e de laços sociais multiplica de duas a três vezes a probabilidade de morrer durante o período de estudo. Obviamente, a qualidade das relações conta. A pesquisa sugere que relações estáveis e de boa qualidade são o fator com maiores efeitos positivos na capacidade de recuperação, após a experiência de um evento traumático.

Às vezes, uma situação desse tipo pode oferecer a oportunidade de expandir o próprio círculo social e de aprofundar os laços existentes, por exemplo, atraindo pessoas que perdemos de vista (talvez explorando as novas tecnologias e *mídias sociais*), voltando a frequentar espaços sociais, comunitários, religiosos ou realizando atividades de voluntariado. Pode-se, também, pensar em ter um animal em casa. Além disso, levar o cão para passear incentiva as pessoas a serem ativas e coloca-as em contato com outros amantes de animais.

Ioga, Tai-Chi, Qigong...

Alguns tipos de exercícios e atividades, como os seguintes, são particularmente eficazes para a promoção do relaxamento (A Harvard Medical School Special Health Report, 2016).

Ioga: baseado em uma filosofia indiana, a ioga é uma excelente maneira de desenvolver a consciência corporal e obter resposta de relaxamento. Os diferentes tipos de ioga partilham certos elementos básicos: a respiração ritmada, a meditação, as posições de alongamento. Aumenta a flexibilidade e a coordenação, libera tensão dos músculos, intensifica a tranquilidade e, de acordo com estudos recentes, ajuda a recuperar mais rapidamente de eventos traumáticos.

Tai-Chi: caracterizado por uma série de movimentos lentos, fluidos e circulares que nasceram como uma arte marcial, o Tai-Chi traz benefícios especialmente para os idosos.

Qigong: esta antiga arte chinesa mistura a respiração, a meditação, a ginástica suave e os movimentos fluidos. Quando praticado regularmente, pode baixar a pressão arterial, a frequência cardíaca e promover a oxigenação. Estes efeitos são todos componentes da resposta ao relaxamento.

Massagens: algumas pesquisas mostram que as massagens também têm um impacto psicológico e sugerem uma diminuição do nível de cortisol. As massagens podem oferecer, àqueles que gostam, o conforto de um contato caloroso e a liberação da tensão muscular.

Atividades criativas e artísticas: algumas atividades parecem particularmente capazes de estimular e reativar o sistema vago-ventral: tocar um instrumento, por exemplo, mas também cantar (especialmente em um coral), atuar em uma atividade teatral coletiva, bem como dançar, pintar e esculpir (Van der Kolk, 2014).

5. Expor-se à memória do trauma

Ser capaz de se sentir seguro novamente deveria fazer a pessoa finalmente capaz de sair do círculo vicioso entre intrusão e evasão que foi descrito nos capítulos anteriores, bem como de expor-se gradualmente à memória do trauma para processá-lo e resolvê-lo.

É bom que isso seja feito sem pressa, de forma controlada e protegida.

Um primeiro caminho é o seguinte: *escrever um diário*, que pode oferecer um enorme alívio psicológico, assim como uma melhor compreensão do que aconteceu e das suas consequências. É como se assim se pudesse finalmente confiar as emoções reprimidas a uma pessoa que nos ouve com compreensão e respeito.

Obviamente, no começo, escrever a história do trauma poderia fazer a pessoa sentir de forma mais aguda toda a dor emocional. A ferida, uma vez exposta, poderia doer – em um primeiro momento – mais do que quando estava escondida. Mas continuar a escrever poderia permitir-lhe processar as emoções difíceis e alcançar a sua resolução. Tanto que cada vez mais as pessoas falam da chamada "medicina narrativa". Também nesse caso, é importante se soltar realmente. Escreva o que sente e por que se sente assim. Escreva para si mesmo, não para os outros, sem se preocupar com a gramática ou a estrutura da frase. Fazer este exercício 10-15 minutos por dia, durante 3-4 dias ou por uma semana, geralmente demonstra como escrever ajuda realmente (Scarpante, 2013).

PARA APROFUNDAR

Ensaios acadêmicos

- *Lasciare il passato nel passato. Tecniche di auto-aiuto nell'EMDR,* Francine Shapiro, Astrolabio, 2013.
- *Dovunque tu vada, ci sei già. Una guida alla meditazione,* Jon Kabat-Zinn, TEA, 2006.

Filme

- *Sonho impossível,* Lasse Hallström, 2012.

Romance

- *Il quinto principio,* Paul Williams, Mimesis, 2014.

10

LIDAR COM A DOR: A EMDR E OUTRAS TERAPIAS

Se é verdade que uma das funções naturais do cérebro é também tentar reparar as feridas emocionais da mesma forma que os outros componentes do corpo humano, também é verdade que, por vezes, essa capacidade de autocura é por alguma razão impedida, devido a todos aqueles fatores que vimos atuando no decurso individual pós-traumático.

Nessas situações, quando o sofrimento é *muito* prolongado ou *muito* intenso ou com efeitos *muito* negativos sobre a pessoa e seu mundo de relacionamentos, é certamente o caso de pedir ajuda a um profissional especialista no tratamento de traumas.

Já falamos extensivamente sobre a diferença entre ter vivido um único acontecimento traumático, talvez como adultos e em uma condição existencial de estabilidade, e das situações extremas como guerras, genocídios, estupros coletivos e tortura ou das condições traumáticas que ocorrem durante a idade do desenvolvimento e que têm a ver com formas de abuso físico, abuso sexual ou grave negligência emocional, por vezes perpetradas por figuras familiares ou até mesmo significativas para a criança.

Portanto, é bastante intuitivo, nesse ponto, entender como podem ser diferentes as abordagens terapêuticas e os programas de tratamento individuais para casos tão diferentes entre si.

Um trauma individual, de um adulto, de natureza comunitária, pode ser resolvido após poucas sessões de terapia. Uma história de abuso sexual intrafamiliar, que, por vezes, dura por anos, quase sempre requer uma psicoterapia mais longa.

1. Uma terapia em fases

As principais sociedades científicas envolvidas nas terapias de distúrbios pós-traumáticos desenvolveram, ao longo dos anos, diretrizes para orientar os médicos e os psicólogos no tratamento desses distúrbios.

Vários autores concordam com a necessidade de identificar, especialmente por causa das situações pós-traumáticas consideradas complexas, uma hierarquia de etapas e objetivos terapêuticos (Chu, 1992; 1998; 2007; Courtois, 1999; Courtois e Ford, 2009; Herman, 1992; Van der Kolk et al., 1996b): o modelo de tratamento que ainda hoje é o mais partilhado prevê uma estruturação terapêutica dividida em diferentes fases e uma atenção particular à relação terapêutica (Dworkin, 2005), aos sistemas de convicções inconscientes e à personalidade do paciente mais do que à exploração dos acontecimentos traumáticos em si.

A primeira fase do tratamento é dedicada à estabilização e à redução dos sintomas e, portanto, à construção da *aliança terapêutica* (de uma relação em que o paciente pode se sentir seguro e colaborar com o terapeuta).

A fase intermediária é focada na elaboração das recordações relacionadas aos traumas sofridos.

A terceira e última fase visa à integração da personalidade e à reabilitação relacional, em particular à progressiva integração das funções mentais dissociadas e ao desenvolvimento das competências relacionais e de autocura, bem como ao crescimento pessoal.

Essa sequência não é estritamente linear: embora haja uma orientação "por fases" no tratamento, ela segue um padrão espiral, com uma sucessão de temas das três fases.

ESTRATÉGIAS DE TRATAMENTO INICIAL EM TEPT PARA CRIANÇAS, ADOLESCENTES E IDOSOS		
GRAVIDADE	TEPT AGUDO	TEPT CRÔNICO
Leve	Psicoterapia	Psicoterapia
Grave	Somente psicoterapia, ou psicoterapia + farmacoterapia	Somente psicoterapia, ou psicoterapia + farmacoterapia

ESTRATÉGIAS DE TRATAMENTO INICIAL EM TEPT PARA JOVENS E ADULTOS		
GRAVIDADE	TEPT AGUDO	TEPT CRÔNICO
Leve	Psicoterapia	Somente psicoterapia, ou psicoterapia + farmacoterapia
Grave	Somente psicoterapia, ou psicoterapia + farmacoterapia	Somente psicoterapia, ou psicoterapia + farmacoterapia

As psicoterapias centradas no trauma são atualmente a principal modalidade terapêutica recomendada, isoladamente ou em combinação com a prescrição de psicofármacos.

Estes, de fato, podem desempenhar um papel importante especialmente para obter aquela estabilização inicial necessária para qualquer tratamento posterior: em outras palavras, para reduzir a sintomatologia e torná-la mais suportável, para abaixar o nível de hiperativação fisiológica, melhorar o humor e, portanto, aumentar as chances de resolução do trauma.

2. As informações e a psicoeducação

No começo é importante fornecer ao paciente todas as informações sobre o trauma e seus efeitos no corpo e na mente, para ajudá-lo a considerar as próprias reações normais e não como sinal de loucura iminente, bem como para que reconheça e tome nota de todas as consequências dolorosas que a experiência traumática teve e tem em sua vida.

Além disso, pode ser importante abordar claramente algumas questões relacionadas à culpa, à vergonha, à responsabilidade individual. Especialmente no caso de mulheres que tenham sido estupradas ou submetidas a outras formas de violência, é importante tomar uma posição explícita e atribuir corretamente as responsabilidades. Explicar, por exemplo, que ter permanecido indefesa e imóvel, provavelmente por causa de uma reação vago-dorsal, não significa participação voluntária. Ou que andar à noite sozinha e de minissaia não significa que tenha provocado aquela situação. Assim como deve ficar claro que, mesmo que tenha havido reações fisiológicas indicando uma participação em uma violência, em nenhum caso elas podem testemunhar uma expressão de vontade. Nos casos de abuso infantil, é sempre importante ressaltar que qualquer que tenha sido a atitude da criança, qualquer que tenha sido o seu grau de participação, a responsabilidade pelo que aconteceu deve ser atribuída única e exclusivamente ao adulto.

Por último, às vezes pode ser o caso de enviar o paciente a um consultor legal para analisar, sem pressa ou pressões, as vantagens e desvantagens de uma eventual denúncia penal ou de um pedido de indenização, e chegar, assim, a uma decisão consciente.

Nos casos, porém, em que as memórias de abuso infantil são demasiado vagas, confusas, contraditórias, é bom fazer o paciente se confrontar com a inevitável incerteza e falácia da nossa memória e trabalhar em terapia, especialmente, na *representação abusiva* do adulto, para além da busca de uma completa veracidade do que sugere um pequeno e incerto fragmento de memória. É provável que, ao avançar com o processo terapêutico e ao recuperar maior autoconfiança e confiança nos outros, bem como ao redescobrir um mais profundo sentido de segurança, o paciente possa ter também uma visão mais clara do que realmente aconteceu.

3. Os psicofármacos

Os fármacos podem atuar sobre alguns sintomas do transtorno pós-traumático ou sobre outras dimensões psicopatológicas (a ansiedade, o humor, a insônia, a irritabilidade etc.), mas sozinhos nunca são considerados a primeira escolha de tratamento.

Atualmente, os antidepressivos, especialmente os chamados "inibidores seletivos da recaptação da serotonina" (SSRIs), são o tratamento do transtorno de estresse pós-traumático com o maior apoio proveniente da pesquisa científica. No geral, os ISRSs diminuem a frequência das memórias intrusivas, ajudam a reduzir o evitamento e acalmam as hiperativações de ansiedade recorrentes, típicas do transtorno. Alguns estudos mostraram também os seus efeitos na regeneração celular, por exemplo, nos neurônios do hipocampo e até mesmo no alongamento dos telômeros (Blackburn e Epel, 2017).

Para manter a ansiedade sob controle, é bom tentar, se possível, não usar – a não ser ocasionalmente – benzodiazepínicos porque podem facilmente causar dependência. Muitas vezes, as benzodiazepinas são prescritas no início da terapia, associadas às ISRSs, devido à rapidez do seu efeito terapêutico.

Há ainda outros fármacos antidepressivos usados para o tratamento de transtornos de ansiedade e TEPT. Mas também outros fármacos, incluindo betabloqueadores, que são comumente usados para tratar a pressão arterial elevada, podem ser utilizados nos transtornos de ansiedade, mas sempre sob controle de especialista, porque podem reduzir especialmente a sintomatologia física que acompanha o transtorno. Às vezes, por outro lado, pode ser indicado recorrer a outras categorias farmacológicas, especialmente anticonvulsivantes, fármacos originalmente desenvolvidos para o controle das convulsões em pessoas com epilepsia. Como essas drogas agem regulando neurônios cerebrais hiperativos, elas também podem ser úteis para atenuar a resposta exagerada do medo em pessoas com TEPT. Finalmente, às vezes pode ser preferível usar antipsicóticos atípicos, que são mais comumente prescritos para a esquizofrenia. Estes medicamentos podem ser usados – geralmente em doses baixas – para tratar a ansiedade nos casos em que os SSRIs isoladamente não se mostraram eficazes.

4. As psicoterapias

Diretrizes internacionais indicam que a psicoterapia é a pedra angular terapêutica das condições psicopatológicas pós-traumáticas. Para além das diferentes orientações e escolas, existe já um consenso sobre alguns princípios básicos que devem orientar o psicólogo nesses casos: a terapia deve ser voltada para o processamento do trauma, de alguma forma "aliviando" progressivamente a tendência do paciente a evitar tudo o que tenha a ver com a memória dolorosa e a fonte de renovado sofrimento. Por essa razão, fala-se da necessidade de se buscar uma *fase inicial de estabilização terapêutica*, tanto com o uso de técnicas especiais (a partir daquelas mencionadas no capítulo anterior) quanto com medicamentos, quando necessário.

Conseguir pelo menos uma sensação suficiente de segurança no presente vai finalmente permitir que o paciente se exponha novamente ao material traumático do passado sem medo excessivo. Em outras palavras, permanecer o máximo possível dentro da chamada "janela de tolerância emocional" (a ser identificada, a cada vez, em absoluta colaboração com o paciente), de acordo com o princípio "seguros, mas não muito": o evitamento excessivo implica, na verdade, uma diminuição da ansiedade, mas também uma falta de processamento do que aconteceu, enquanto a exposição muito precoce pode resultar em reativação emocional excessiva ainda não suficientemente gerenciável e tolerável pela pessoa traumatizada.

5. A terapia cognitivo-comportamental (TCC)

A TCC visa corrigir padrões arraigados de pensamentos negativos e comportamentos. Como o nome sugere, tem duas partes: a terapia *cognitiva* ajuda as pessoas a mudar os padrões de pensamento que as impedem de superar seus medos; a terapia *comportamental* trabalha para mudar as suas reações em situações que provocam ansiedade.

As mulheres maltratadas, por exemplo, podem considerar normal ser espancadas por seus parceiros e achar que merecem esse tipo de comportamento dos outros. Isto é pensamento negativo. Como resultado, essas pessoas podem evitar separar-se, proteger-se, denunciar aqueles que abusam sistematicamente delas. O objetivo da TCC é quebrar essa cadeia de pensamentos e reações. Porque os pensamentos negativos e os comportamentos tendem a vir à tona quando as pessoas estão sob estresse, o primeiro passo da TCC é muitas vezes ajudar a reconhecer quando se está estressado. Os terapeutas cognitivos-comportamentais dizem que há três componentes na resposta ao alarme. Estes são comumente chamados de ABC: a *emoção*, o *comportamento* e as *convicções pessoais*.

Temos, de fato, uma resposta emocional a uma situação particular, que geralmente é seguida de um comportamento; as convicções, no entanto, referem-se aos pensamentos que se tem quando se está alarmado; por exemplo, pensar: "Eu mereço", "Não posso esperar nada melhor para mim", "Eu não presto para nada" etc. A pesquisa mostrou que a TCC é eficaz no transtorno de estresse pós-traumático. Ela pode ser aplicada individualmente ou em grupos. Quando um evento traumático afeta um grupo inteiro de pessoas, ou toda uma comunidade, a terapia de grupo pode ser a mais eficaz. A TCC geralmente acontece com uma sessão por semana durante vários meses.

O paciente, guiado pelo terapeuta, aprende primeiro a observar o que acontece dentro de si nas diferentes situações, depois a captar as influências recíprocas entre modos de pensar, atribuição de significados, humores e comportamentos, e finalmente a experimentar novas e mais vantajosas formas de avaliação e reações.

A TCC é um tipo de psicoterapia bastante ativa, em que o terapeuta guia o paciente também através de "tarefas de casa" de auto-observação ou de *exposição gradual*, dinâmicas etc., de forma a prosseguir o que se chama *reconstrução cognitiva*, ou seja, a desativação desses *pensamentos negativos automáticos* que podem muito facilmente desencadear a reação de alarme nas situações diárias. Exemplos frequentes incluem pensamentos como "Não consigo fazer isso", "Sou estúpido", "Não tenho esperança", "Nunca vou ficar curado", "Vou carregar esse problema para sempre", "Sou um zé-ninguém", "É sempre culpa minha", "Eu mereço", "Eu procurei isso", "Sou um perdedor", "Nunca faço nada certo" etc.

Muitas vezes, os nossos pensamentos negativos estão cheios de *distorções irracionais*. A TCC é construída sobre a premissa de que os pensamentos e as percepções afetam os humores e as emoções e que essa forma distorcida de pensar pode ser mudada graças à terapia e substituída por um tipo mais positivo de pensamentos, por exemplo: "Eu consigo", "Posso lidar com essa situação", "Mereço respeito" etc. Na TCC focada no tratamento do trauma, a fase terapêutica da *exposição* e, portanto, do contraste *ao evitamento*, tanto da recordação quanto dos lugares, pessoas etc., desempenha um papel muito importante. Durante a terapia, portanto, pede-se às pessoas que falem ou escrevam sobre o trauma que sofreram. No início, o processo pode reativar um medo intenso, como se se tratasse de expor-se novamente ao trauma e não só à sua recordação, mas depois a pessoa começa a perceber que pode "reviver mentalmente" a experiência sem ser ferida novamente (física ou emocionalmente), sente-se menos perturbada em fazê-lo, e sua ansiedade diminui gradualmente. Um estudo importante publicado em 2013 pelo *Journal of American Medical Association* revelou que a terapia da exposição foi eficaz em um grupo de meninas que tinham sido abusadas sexualmente.

Existem programas específicos da TCC focados em trauma para casais, famílias e, mais importante, crianças.

Algumas vezes, embora cada vez mais raramente devido à quantidade de pesquisas controladas que existem sobre o assunto, também a *hipnose* é usada em associação com a TCC, nos casos de pessoas traumatizadas. Não há magia na hipnose. Ela baseia-se principalmente na capacidade de concentração e na confiança que se tem no terapeuta.

Finalmente, o *neurofeedback* parece ser um tratamento promissor para a terapia do TEPT. Eletrodos são colocados sobre o couro cabeludo para a captação das emissões elétricas dos neurônios, que são enviadas a um computador e geram *feedbacks* visuais ou auditivos. Isso ajuda o paciente a tomar consciência e a mudar as próprias ondas cerebrais e seu estado emocional.

6. Dessensibilização e reprocessamento por meio dos movimentos oculares (EMDR)

A EMDR – acrônico de *Eye Movement Desensitization and Reprocessing* – é, sem dúvida, uma das abordagens terapêuticas mais eficazes para as reações pós-traumáticas: nascido como uma técnica inovadora, a EMDR utiliza os movimentos oculares de estimulação bilateral alternada para facilitar e acelerar a dessensibilização e o processamento de eventos traumáticos perturbadores.

Na última década, recebeu importantes prêmios internacionais, que a creditaram como uma das principais terapias para o transtorno de estresse pós-traumático: no ano 2000, a EMDR foi incluída nas diretrizes da Society for Traumatic Stress Studies, em 2001, também o United Kingdom Department of Health a incluiu entre as terapias *evidence based*. Em 2002, foi reconhecido pelo Israeli National Council for Mental Health como um dos três métodos mais recomendados para o tratamento de vítimas de atos terroristas. Em 2004, o Veterans Health Affaire National Clinical Practice Guideline Council e o Departamento de Defesa dos EUA a incluíram em suas diretrizes para o tratamento do TEPT. E, novamente em 2004, a American Psychiatric Association reportou a sua eficácia. Finalmente, em 2007, o *British Journal of Psychiatry* identificou a EMDR como o tratamento preferido para o tratamento de traumas. Desde maio de 2013, a Organização Mundial da Saúde também tem recomendado a EMDR por sua eficácia amplamente reconhecida.

Mas como funciona a EMDR? Há muitas hipóteses de pesquisa: em primeiro lugar, permitiria ao paciente uma exposição gradual ao material traumático, e os movimentos oculares poderiam induzir alterações sinápticas diretamente relacionadas ao processamento das recordações e das memórias. Os movimentos oculares induziriam uma resposta de relaxamento através da formação reticular, uma grande área cerebral responsável pela regulação das emoções.

Tal ativação inibiria o sistema nervoso simpático, favorecendo a dessensibilização da resposta ansiosa. Recentemente, há estudos sendo publicados que mostram como a EMDR também conduz a uma ressincronização da atividade elétrica dos dois hemisférios cerebrais. A EMDR também levaria a uma normalização dos níveis sanguíneos de cortisol, notoriamente alterados na traumatização. Em outras palavras, a EMDR é uma forma de terapia particularmente capaz de atuar sobre os aspectos neurofisiológicos do quadro clínico pós-traumático.

Durante uma sessão de psicoterapia com EMDR, o paciente é convidado a permanecer focado na recordação traumática, em uma frase ou em um fragmento de sensação física e, ao mesmo tempo, a *seguir com os olhos os dedos do terapeuta* movendo-se da direita para a esquerda na sua frente. A estimulação também pode ser feita com o toque dos dedos nas pernas ou com estímulos sonoros alternados de uma orelha para outra ou de outras formas. Essa estimulação parece ter um efeito facilitador nas redes de memória e favorecer a elaboração e a associação de novas recordações, desbloqueando a tendência natural de autorreparação do cérebro. A tarefa do terapeuta, de fato, é estimular a reelaboração espontânea do trauma, intervindo apenas quando estritamente necessário, evitando interferir com interpretações ou comentários. Durante o processo de reelaboração, o terapeuta para periodicamente, calibrando o próprio procedimento sobre o que se pode compreender da reelaboração que está ocorrendo no paciente, interrompendo quando se tem a impressão de que ocorreu um *step* reelaborativo. O paciente é convidado a verbalizar o que está acontecendo dentro dele na forma de pensamentos, sensações, emoções e conexões com outras recordações. Isso normalmente permite compreender a modalidade e a direção da reelaboração em curso.

Quase sempre, com a EMDR, assistimos a uma plena dessensibilização da recordação, que já não se torna capaz de causar nem as emoções intensamente negativas antes do processamento, nem as sensações físicas, nem os pensamentos negativos. É como se finalmente o paciente conseguisse colocá-la totalmente em sua própria memória, como algo concluído, por mais doloroso ou desagradável que seja. Muitas vezes também há uma mudança de perspectiva ao considerar a própria recordação. Repensa-se em detalhes que podem modificar o significado até aquele momento atribuído a um evento, pode-se olhar para si mesmo com olhos mais positivos, abrir-se a reflexões novas e significativas. Ou até mesmo se consegue aceitar melhor a própria dor, a tomar nota do próprio sofrimento emocional com um maior senso de paz interior.

A EMDR é uma forma de psicoterapia cada vez mais utilizada em situações de emergência surgidas após catástrofes naturais e desastres envolvendo uma comunidade, como terremotos, por exemplo. Existem também específicos protocolos EMDR para crianças traumatizadas que se mostraram muito eficazes (Verardo, 2016).

Particularmente adequada para o tratamento do TEPT, a EMDR tem se tornado gradualmente uma abordagem cada vez mais refinada, complexa e global, capaz de lidar com a maioria dos transtornos psicopatológicos resultantes das mais diversas experiências traumáticas, incluindo aquelas perpetradas dentro da família por adultos significativos durante a idade do desenvolvimento. Mesmo nesses casos, a EMDR pode ser realmente aquele fio condutor, indispensável para cruzar os intrincados caminhos dos eventos traumáticos e, finalmente, permitir que se encontre o próprio caminho para a saída.

7. O crescimento pós-traumático

Durante a última fase do processo terapêutico, os pacientes podem aproveitar ainda mais a maior integração interna, e geralmente começam a adquirir um sentido mais estável e sólido *de que realmente são mais do que aquilo que aconteceu em suas vidas*, de como podem se relacionar com os outros e com o mundo exterior, cuidando mais de si mesmos. Aprendem a recuperar a confiança nas relações interpessoais e a adquirir as competências necessárias para lidar com os outros, tanto para se proteger como para estabelecer laços.

Muitas vezes se abrem também para uma *dimensão espiritual*, mesmo quando ela não estava conscientemente presente em suas vidas. Sentem-se mais em sintonia com os outros e desenvolvem maior senso de conexão com a humanidade, apreendendo mais profundamente sobre aspectos de sofrimento em conjunto com os de esperança (Levine, 2016).

Por vezes, nasce um genuíno desejo de restituir aos outros a ajuda que receberam, permitindo que se envolvam com entusiasmo em atividades de voluntariado ou em projetos humanitários.

É nessa fase que alguns pacientes dizem frases como: "Sempre me senti como vítima, agora me vejo como sobrevivente, uma pessoa mais forte que o mal e a morte". São palavras proferidas por uma mulher que foi estuprada e espancada, a ponto de sofrer lesões físicas graves, por seu ex-namorado, que não conseguia aceitar a sua decisão de deixá-lo por causa dos surtos de raiva e ciúme muito frequentes.

Parafraseando Francine Shapiro, a criadora do método EMDR, o passado foi finalmente deixado no passado (Shapiro, 2012).

PARA APROFUNDAR

Ensaios acadêmicos

- *Sindromi di risposta allo stress. Valutazione e tratamento,* Mardi J. Horowitz, Raffaello Cortina Editore, 2004.
- *EMDR Revolution. Cambiar ela própria vita um ricordo alla volta,* Tal Croitou, Mimesis, 2015.

Filme

- *Resiliência,* Paul Bojack, 2006.

Romance

- *Fai bei sogni,* Massimo Gramellini, Longanesi, 2012.

Para concluir, propomos – no último apêndice deste livro – um questionário, o CD-RISC, que investiga os recursos pessoais, os pontos fortes e, portanto, em outras palavras a chamada "resiliência" de uma pessoa.

Escala de Connor-Davidson (CD-RISC) de Kathryn M. Connor, M. D., copyright 2001, 2003

Instruções: indique o quanto você concorda com as seguintes afirmações, com base na data em que ocorreram no mês passado. Se alguma dessas situações não ocorreu recentemente, responda com base no que você teria vivenciado.

Não existem valores normais; simplesmente, quanto maior a sua pontuação, maior a sua resiliência atual.

0 = Nunca é verdadeiro

1 = Raramente é verdadeiro

3 = Algumas vezes é verdadeiro

4 = Muitas vezes é verdadeiro

1. Consigo me adaptar às mudanças.
2. Tenho pelo menos uma relação íntima e estável em que posso confiar nos momentos de dificuldade.
3. Quando não vejo uma saída para os meus problemas, penso que Deus ou o destino podem me ajudar.

4. Consigo lidar com qualquer imprevisto.

5. Os resultados positivos obtidos no passado encorajam-me a enfrentar novos desafios e dificuldades.

6. Tento ver o lado irônico dos problemas.

7. Lidar com eventos estressantes me torna mais forte.

8. Tenho tendência a deixar para trás episódios negativos do passado, como problemas de saúde, danos sofridos ou outras dificuldades.

9. Acho que a maioria dos eventos, bons ou maus, acontece por uma razão específica.

10. Dou o melhor de mim, independentemente do resultado.

11. Estou convencido de poder alcançar meus objetivos, mesmo na presença de obstáculos.

12. Não desisto, nem mesmo diante de obstáculos que parecem intransponíveis.

13. Sei a quem recorrer para pedir ajuda em tempos de crise.

14. Quando estou sob pressão, consigo ficar lúcido e concentrado no que estou fazendo.

15. Prefiro tentar resolver os meus problemas sozinho, em vez de deixar que os outros os resolvam.

16. Não deixo que os fracassos me abatam facilmente.

17. Considero-me uma pessoa determinada a enfrentar os desafios e as dificuldades da vida.

18. Se necessário, sou capaz de tomar decisões impopulares ou difíceis para os outros.

19. Consigo suportar sentimentos desagradáveis e dolorosos como tristeza, raiva e medo.

20. Às vezes, para se safar, é preciso confiar no próprio instinto e no próprio destino.

21. Estou convencido de que há um sentido na vida.

22. Sinto que estou no controle da minha vida.

23. Adoro desafios.

24. Esforço-me para alcançar meus objetivos, sem me preocupar com os obstáculos que encontro.

25. Estou orgulhoso do que realizei.

BIBLIOGRAFIA

Anda R. F., Croft J. B., Felitti V. J., Giles W. H. et al. (1999). Adverse Childhood Experiences and smoking during adolescence and adulthood. *JAMA*, 282(17):1652-8.

Anda R. F., Felitti V. J., Bremner J. D., Walker J. D., Whitfield C. H., Perry B. D., Giles, W.H. (2006). The enduring effects of abuse and related adverse experiences in childhood. *European Archives of Psychiatry and Clinical Neurosciences*, 56(3): 174-86.

Anda R. F., Whitfield C. L., Felitti V. J., Chapman D. P. et al. (2002). Adverse Childhood Experiences, alcoholic parents, and later risk of alcoholism and depression. *Psychiatric Services*, 53: 1001-1009.

APA, American Psychiatric Association (2013) DSM-5, *Diagnostic and Statistical Manual of Mental Disorders*. 5. ed. Washington DC: APA Press.

Bellis M. A., Hughes K., Leckenby N., Jones L., Baban A., Kachaeva M., Terzic N. (2014a). Adverse childhood experiences and associations with health-harming behaviours in young adults: Surveys in eight eastern European countries. *Bulletin of the World Health Organization*, 92: 641-655.

Bellis M. A., Hughes K., Leckenby N., Perkins C., Lowey H. (2014b). National household survey of adverse childhood experiences and their relationship with resilience to health-harming behaviors in England, *BMC Medicine*, 12: 72.

Berceli D. (2016). *Metodo TRE. Esercizi per rilasciare stress e traumi*. Roma: Spazio Interiore.

Berliner L., Briere J. (1999). Trauma, memory and clinical practice. In: Williams L. M., Banyard V. (a cura di), *Trauma and memory*. London: Sage.

Bersani F. S., Lindqvist D., Mellon S. H., Epel E. S., Yehuda R. et al. (2016). Association of dimensional psychological health measures with telomere length in male war veterans. *Journal of Affective Disorders*, 190: 537-542.

Biondi M., Pancheri P. (1987). *Stress, emozioni e cancro*. Torino: Il Pensiero Scientifico.

Blackburn E., Epel E. (2017). *The Telomere Effect: A Revolutionary Approach to Living Younger, Healthier, Longer*. New York: Hachette Book Group. [Ed. bras.: *O segredo está nos telômeros*: receita revolucionária para manter a juventude e viver mais e melhor. São Paulo: Planeta, 2017.]

Bottaccioli F., Bottaccioli A. G. (2016). *PsicoNeuroEndocrinoImmunologia e scienza della cura integrata*. Milano: Edra.

Bowlby J. (1951). *Soins maternels et santé mentale: Contribution de l'Organisation Mondiale de la Santé au programme des Nations Unies pour la protection des enfants sans foyer*, World Health Organization. [Ed. bras.: *Cuidados maternos e saúde mental*. 3. ed. São Paulo: Martins Fontes, 1995.]

Bowlby J. (1980). *Attachment and Loss. Vol. 3: Loss, Sadness and Depression*. New York: Basic Books. [Ed. bras.: *Perda: tristeza e depressão*. 3. ed. São Paulo: Martins Fontes, 2004. Vol. 3 da coleção *Apego e perda*.]

Breslau N., Davis G., Andreski P. et al. (1991). Traumatic events and post-traumatic stress disorder in an urban population of young adults. *Archives of General Psychiatry*, 48: 216-222.

Briere, J. (1997). Psychological assessment of child abuse effects in adults, in Wilson J. P., Keane T. M. (orgs.), *Assessing Psychological Trauma and PTSD*. New York: Guilford Press.

Briquet P. (1859). *Traité clinique et thérapeutique de l'hystérie*. Paris: Baillière.

Carmody T. P. (1989). Affect regulation, nicotine addiction, and smoking cessation, *Journal of Psychoactive Drugs*, 24: 111-122.

Chapman D. P., Whitfield C. L., Felitti V. J., Dube S. R., Edwards V. J., Anda R. F. (2004). Adverse childhood experiences and the risk of depressive disorders in adulthood. *Journal of Affective Disorders*, 82: 217-225.

Chu J. A. (1992). The therapeutic roller coaster: dilemmas in the treatment of childhood abuse survivors. *Journal of Psychotherapy Practice Research*, 1: 351-370.

Chu J. A. (1998). *Rebuilding Shattered Lives: The Responsible Treatment of Complex Posttraumatic and Dissociative Disorders*. New York: Wiley.

Chu J. A. (2007). Treatment of Traumatic Dissociation, in Vermetten E., Dorahy M. J., Spiegel D. (orgs.), *Traumatic Dissociation. Neurobiology and Treatment*. Washington DC: American Psychiatric Publishing.

Courtois C. A. (1999). *Recollections of Sexual Abuse: Treatment Principles and Guidelines*. New York: Norton.

Courtois C. A., Ford K. D. (org.) (2009). *Treating Complex Traumatic Stress Disorder. An Evidence-Based Guide*. New York: Norton.

Dimaggio G. (2016). *L'illusione del narcisista. La malattia nella grande vita*. Milano: Baldini & Castoldi.

Dube S. R., Anda R. F., Felitti V. J., Chapma D. P., Williamson D. F., Giles W. H. (2001a). Childhood abuse, household dysfunction, and the risk of attempted suicide throughout the life span. *Journal of American Medical Association*, 286: 3089-3096.

Dube S. R., Anda R. F., Felitti V. J., Croft J. B., Edwards V. J., Giles W. H. (2001b). Growing up with parental alcohol abuse: exposure to childhood abuse, neglect and household dysfunction. *Child Abuse and Neglect*, 25(12): 1627-1640.

Dube S. R., Anda R. F., Felitti V. J., Edwards V. J., Croft J. B. (2002). Adverse childhood experiences and personal alcohol abuse as an adult. *Addictive Behaviors*, 27(5): 713-25.

Dworkin M. (2005). *EMDR and the Relational Imperative*. New York: Routledge.

Edwards V. J., Anda R. F., Nordenberg D. F., Felitti V. J., Williamson D. F., Wright J. A. (2001). Bias assessment for child abuse survey: factors affecting probability of response to a survey about childhood abuse. *Child Abuse and Neglect*, 25: 307-312.

Faretta E. (2014). *Trauma e malattia. L'EMDR in Psico-oncologia*. Milano: Mimesis.

Felitti V. J., Anda R. F., Nordenberg D. et al. (1998a). The relationship of selected health risk behaviors, health status and disease in adulthood to childhood abuse and household dysfunction. *American Journal of Preventive Medicine*, 14: 245258.

Felitti V. J., Anda R. F., Nordenberg D., Williamson D. F. et al. (1998b). Relationship of Childhood Abuse and Household Dysfunction to many of the leading causes of death in adults: The adverse Childhood Experiences (ACE) Study. *American Journal of Preventive Medicine*, 14(4): 245-58.

Felitti V. J., Anda R. F. (2003). Origins and Essence of the study, *ACE Reporter*, 1(1).

Felitti V. J., Anda R. F. (2010). The Relationship of Adverse Child hood Experiences to Adult Health, Well-being, Social Function, and Health Care. In: Lanius R., Vermetten E., Pain C. (orgs.). *The Effects of Early Life Trauma on Health and Disease: The Hidden Epidemic*. Cambridge: Cambridge University Press.

Felitti V. (2013). Adverse Childhood Experiences (ACE) study. *Rivista di Psicoterapia EMDR*, Associazione EMDR Italia.

Finkelhor D. (2011). *The APSAC Handbook on Child Maltreatment*. Los Angeles: Sage.

Freud S. (1897). Letter to Fliess, in Strachey J. (org.). *The standard edition of the complete psychological works of Sigmund Freud*. London: Vintage, v. 1.

Freud S. (1896). The aetiology of hysteria, in Strachey J. (org.). *The standard edition of the complete psychological works of Sigmund Freud*. London: Vintage, v. 3.

Giannantonio M. (2009). *Psicotraumatologia. Fondamenti e strumenti operativi*. Torino: Centro Scientifico Editore.

Giulini P., Xella M. C. (2011). *Buttare la chiave? La sfida del trattamento per gli autori di reati sessuali*. Milano: Raffaello Cortina Editore.

Green J., Goldwyn R. (2002). Annotation: Attachment disorganization and psychopathology: New findings in attachment research and their potential implications for developmental psychopathology in childhood. *Journal of Child Psychology and Psychiatry*, 43(7): 835-46.

A Harvard Medical School Special Health Report (2016). *Stress Management Approaches for preventing and reducing stress*. Harvard: Harvard Medical Publications.

Helfer R., Kempe C. H. (1976). *Child abuse and neglect: The family and the Community*. Cambridge: Ballinger.

Herman, J. L. (1992). *Trauma and recovery. The aftermath of violence from domestic abuse to political terror*, London: Basic Books.

Hesse E., Main M. (2006). Frightened, threatening, and dissociative parental behavior in low-risk samples: description, discussion, and interpretations, *Development and Psychopathology*, 18(2): 309-43.

Janet P. (1919). *Les medications psychologiques*. Paris: Fèlix Alcan.

Kempe C. H., Silverman F. N., Steele B. F. et al. (1962). The battered child syndrome. *Journal of the American Medical Association*, 181(1): 17-24.

Kessler R. C., Sonnega A., Bromet E., Huges M., Nelson C. B. (1995). Posttraumatic Stress Disorder in the National Comorbidity Survey. *Archives of General Psychiatry*, 52: 1048-1060.

Kilpatrick D. G., Resnick H. S. (1993). Posttraumatic stress disorder associated with exposure to criminal victimization in clinical and community populations. In: Davidson J. R. T., Foa E. B. (organizado por), *Posttraumatic stress disorder: DSM-IV and beyond*. Washington: American Psychiatric Press: 113-143.

Kulka R. A., Schlenger W .E., Fairbank J. A. (1990). *Trauma and the War Vietnam Generation*. New York: Brunnel/Mazen.

Levenson, J. S., Willis, G. M., Prescott, D. S. (2016). Adverse Childhood Experiences in the Lives of Male Sex Offenders Implications for Trauma-Informed Care. *Sexual abuse: A journal of research and treatment*, 28(4): 340-359.

Levine P. A. (2016). *Somatic Experiencing. Esperienze somatiche nella risoluzione del trauma*. Roma: Astrolabio Ubaldini.

Lieberman A. F., Compton N. C., Van Horn P., Ghosh Ippen C. (2007). *Il lutto infantile. La perdita di un genitore nei primi anni di vita*. Bologna: Il Mulino.

Liotti G. (2001). *Le opere della coscienza. Psicopatologia e psicoterapia nella prospettiva cognitivo-evoluzionista*. Milano: Raffaello Cortina Editore.

Liotti G., Farina B. (2011). *Sviluppi traumatici.* Milano: Raffaello Cortina Editore.

Mantione G., Presti F. (2016). Disturbi Sessuali e Psicoterapia. *Psicobiettivo*, 2.

Miti G., Onofri A. (2011), La Psicoterapia dei disturbi dissociativi: dalle tecniche cognitivo-comportamentali all'approccio EMDR. *Cognitivismo Clinico*, 8(1): 73-91.

Nijenhuis E. R. S. (1999). *Somatoform Dissociation: Phenomena, Measurement, and Theoretical Issues*, New York: Norton.

Norris F. (1992). Epidemiology of trauma: frequency and impact of different potentially traumatic events on different demographic groups. *Journal of Consulting and Clinical Psychology*, 60(3): 409-418.

Ogawa, J. R., Sroufe, A., Weinfield, N. S., Carson, E. A., Egeland, B. (1997). Development and the fragmented self: Longitudinal study of dissociative symptomatology in a nonclinical sample. *Development and Psychopathology*, 9: 855-879.

Onofri A. (2010). Prospettiva cognitivo-evoluzionista e approccio EMDR nel lavoro clinico con pazienti omosessuali, in Cantelmi T., Lambiase E., *Omosessualità e psicoterapie. Percorsi, problematiche, prospettive.* Milano: Franco Angeli.

Onofri A., La Rosa C. (2015). *Il lutto. Psicoterapia cognitivo-evoluzionista e EMDR.* Roma: Giovanni Fioriti Editore.

Onofri A., Onofri M., Dadamo G. (2016). Le Esperienze Sfavorevoli Infantili. Come affrontarle in psicoterapia: il ruolo dell'EMDR. *Psicobiettivo*, 1.

Parkes C. M. (1972). *Bereavement. Studies of grief in adult life.* Harmondsworth: Penguin Books. [Ed. bras.: *Luto: estudos sobre a perda na vida adulta.* São Paulo: Summus, 1998.]

Parkes C. M., Weiss R. S. (1983). *Recovery from bereavement.* New York: Basic Books.

Perry, B. D. (2001). The neurodevelopmental impact of violence in childhood. In: Schetky D., Benedek, E. (orgs.). *Textbook of child and adolescent forensic psychiatry*. Washington, D.C.: American Psychiatric Press.

Porges S. (2011). *The Polyvagal Theory: Neurophysiological Foundations of Emotions, Attachment, Communication, and Self-regulation*. New York: Norton.

Putnam F. W. (2003). Ten-year research update review: Child sexual abuse. *Journal of the American Academy of Child & Adolescent Psychiatry*, 42(3): 269-278.

Redding C. (2007). Adverse childhood experiences: lives gone up in smoke. *Ace Reporter*, 1(5).

Robles T., Glaser R., Kiecolt-Glaser J. K. (2005). Out of Balance: A New Look at Chronic Stress, Depression and Immunity. *Current Directions in Psychological Science*, 14(2): 111-115.

Rosenblatt P. C. (1993). The social context of private feelings. In: Stroebe M., Stroebe W., Hanson R. O. (orgs.). *Handbook of bereavement: theory, research and intervention*. New York: Cambridge University Press.

Scarpante S. (2013). *La scrittura terapeutica*, www.ilmiolibro.it

Schauer M., Neuner F., Elbert T. (2011). *Narrative Exposure Therapy: A Short-Term Treatment for Traumatic Stress Disorders*. Cambridge: Hogrefe.

Schore A. N. (2003). *Affect dysregulation and disorders of the self*, New York: Norton.

Shapiro F. (2012). *Getting Past Your Past: Take Control of Your Life with Self-Help Techniques from EMDR Therapy*. New York: Rodale.

Tomison A. M., Tucci J. (1997). Emotional abuse: The hidden form of maltreatment. *Issues in Child Abuse Prevention*, 8.

Tronick E. Z. (2007). *The Neurobehavioral and Social-Emotional Development of Infants and Children*. New York: Norton.

Van der Kolk B. A., Mcfarlane A. C., Weisaeth L. (a cura di) (1996a). *Traumatic Stress: The Effects of Overwhelming Experience on Mind, Body, and Society*. New York: Guilford.

Van der Kolk B., Pelcovitz D., Roth S., Mandel F. S., Mcfarlane A., Herman J. L. (1996b). Dissociation, somatization, and affect disregulation: the complexity of adaptation to trauma. *American Journal of Psychiatry*, 153: 83-93.

Van der Kolk B. (2014). *The Body Keeps the Score: Brain, Mind, and Body in the Healing of Trauma*. New York: Penguin Books.

Van der Hart O., Nijenhuis E. R. S., Steele K. (2006). *The haunted self: Structural dissociation and the treatment of chronic traumatization*. New York: Norton.

Van der Linden J., Vandereycken W. (1998). *Le origini traumatiche dei disturbi alimentari*. Roma: Astrolabio Ubaldini.

Van IJzendoorn, M. H. (1995). Adult attachment representations, parental responsiveness, and infant attachment: A metaanalysis on the predictive validity of the Adult Attachment Interview. *Psychological Bulletin*, 117: 387-403.

Verardo A. R. (2016). *Attaccamento traumatico: il ritorno alla sicurezza. Il contributo dell'EMDR nei traumi dell'attaccamento in età evolutiva*. Roma: Giovanni Fioriti Editore.

Whitfield C. L. (2003). *The truth about depression: Choices for healing*. Deerfield Beach: Health Communications.

Whitfield C. L., Dube S. R., Felitti V. J., Anda R. F. (2005). Adverse childhood experiences and hallucinations. *Child Abuse and Neglect*, 29: 797-810.

Williams P. (2015). *Il quinto principio*. Milano: Mimesis Edizioni.

Witek-Janusek L., Gabram, S., Mathews, H. L. (2007). Psychologic stress reduced NK cell activity, and cytokine dysregulation in women experiencing diagnostic breast biopsy. *Psychoneuroendocrinology*, 32(1): 22-35.

World Health Organization (2013). *Mental Health Action Plan* 2013-2020. WHO Press.

Yehuda R. (1999). *Risk factors for Posttraumatic Stress Disorder.* Washington: American Psychiatric Press.

Zeanah C. H., Smyke A. T., Koga S. F., Carlson E. (2005). Attachment in Institutionalized and Community Children in Romania. *Child Development*, 76(5): 1015-28.

AGRADECIMENTOS

São muitas as pessoas a quem devemos agradecer por tornar este livro possível: Pe. Simone Bruno, em primeiro lugar, por nos ter pedido com entusiasmo que o escrevesse; nossos familiares, pelo apoio e o incentivo recebidos; Marcella Fasani e Fabio Albertelli por nos terem ajudado a reler e corrigir todo o volume. Giovanni Liotti e Isabel Fernandez, pelos ensinamentos oferecidos ao longo dos anos da nossa formação; a secretária Isabela Lisek e os colegas do Centro Clínico De Sanctis, a Associação Italiana de EMDR (e, em particular, os membros da diretoria), da Escola de Especialização em Psicoterapia "Training School"; os alunos das escolas onde lecionamos e os muitos jovens colegas supervisionados por nós, pelas numerosas trocas de opiniões, pelos estímulos à atualização, pelos interessantes pontos de reflexão; Maria Acierno e Fabrizio Giulimondi, pelos seus conselhos sobre os livros e os filmes; os nossos pacientes (de quem são tiradas as histórias clínicas que relatamos), pela confiança demonstrada em ter partilhado conosco os seus sentimentos e pensamentos. E, finalmente, ao abade Dom Diego, Dom Ugo e todos os monges da abadia de Monte Oliveto, por terem generosamente oferecido hospitalidade em seu mosteiro, onde uma boa parte deste livro foi escrita.

Rua Dona Inácia Uchoa, 62
04110-020 – São Paulo – SP (Brasil)
Tel.: (11) 2125-3500
http://www.paulinas.com.br – editora@paulinas.com.br
Telemarketing e SAC: 0800-7010081